规划·悦读 青春季系列

规划悦读 **40天**

高财商青少年
最喜欢读的企业家故事

编著◎吕家宇

延边师范大学出版社

全国百佳图书出版单位　国家一级出版社

图书在版编目（CIP）数据

规划悦读40天：高财商青少年最喜欢读的企业家故事/吕家宇编著．—重庆：西南师范大学出版社，2012.4

（规划·悦读）

ISBN 978-7-5621-5686-4

Ⅰ．①规… Ⅱ．①吕… Ⅲ．①商业经营－青年读物②商业经营－少年读物 Ⅳ．①F715-49

中国版本图书馆CIP数据核字(2012)第042676号

规划悦读40天：
高财商青少年最喜欢读的企业家故事
GAOCAISHANG QINGSHAONIAN ZUIXIHUANDU DE QIYEJIA GUSHI

吕家宇　编著

责任编辑：杜珍辉　李佃云
内文插图：闵祥泽
封面插画：绘扬天下·
封面设计：红十月工作室
出版发行：西南师范大学出版社
　　　　　　地址：重庆市北碚区天生路2号
　　　　　　邮编：400715　市场营销部电话：023-68253705
　　　　　　http://www.xscbs.com/

经　　销：新华书店
印　　刷：九洲财鑫印刷有限公司
开　　本：787mm×1092mm　1/16
印　　张：12.5
字　　数：177千字
版　　次：2013年2月　第1版
印　　次：2013年2月　第1次印刷
书　　号：ISBN 978-7-5621-5686-4

定　　价：24.00元

阅读计划表

年　月　日

跟我来阅读

阅读主题1：了解财富的形成

西班牙小说家塞万提斯说："金钱是世界上最坚实的基础。"这个世界上，人人都想成为有钱人，都希望能够自由支配钱财。但是怎样才能变得有钱呢？人人都梦想成为比尔·盖茨、沃伦·巴菲特那样的亿万富翁，但是却不知道他们是如何获得庞大的财富的。那么，首先我们就一起来了解下，财富是怎样形成的。

第1天／洛克菲勒
你不理财，财不理你

在经济学上，有一个千古不变的致富秘诀，那就是"开源节流"，也就是"理财"。

一个人的生涯规划里，不能少了理财规划。知道了如何理财，我们才能够知道自己下一步该如何行动，才能够知道自己的目标是什么，才能够规划好自己的一生。

"你不理财，财不理你"，这句话现在流传甚广。它不仅是一条家喻户晓的宣传语，更是一个浅显易懂的道理。

 人物博览馆

洛克菲勒：美国实业家，慈善家。1870年，他创立了标准石油公司（1882年，标准石油公司后继者之一的纽约标准石油改名为美孚石油），该公司曾经一度垄断全美90％的石油市场。因此，洛克菲勒成为美国第一位十亿富豪与全球首富。

越来越多的人意识到了理财的重要性——理财是通往幸福的捷径。

可是理财到底是什么呢？有的人会说是投资增值，有的人会说是资产管理。其实，最重要的并不是理财的这些内容，而是理财的意识。没有理财的意识，何来理财的方法呢？只有有了理财的意识，才能够谈及对财富如何经营与管理。

谁都知道，天上是不会自己掉下馅饼来的。而那个怀揣着鸡蛋，却在做着发财梦的故事，除了孵蛋、养鸡，一步一步创业以外，是无法变成现实的。而这所有的前提，便是这个拥有鸡蛋的人要有财富意识。否则鸡蛋只会在他的懵懂无意识下坏掉。

"世界上到处都是有才华的穷人。"为什么呢？是因为人们的才华大多集中在各个知识领域内，而很少有人具有真正正确的理财意识，对理财知之甚少。这也就是我们的题目中所说的，"你不理财，财不理你"。

想要财来"理"你，就要主动去"理"财。

让我们来看看世界石油大王洛克菲勒的经历吧。在他从一个一贫如洗的少年成长为世界石油霸主的经历中，我们会了解到：理财是多么的重要。

约翰·戴维森·洛克菲勒是全世界有史以来第一位亿万富翁，是美孚石油——美国最著名的企业王朝的缔造者。

1839年7月8日，约翰·戴维森·洛克菲勒出生于纽约州哈得逊河畔的一个小镇。洛克菲勒的家境十分贫寒，但是他的父亲却是一个十分讲求实际的人，父亲一直教育孩子们，只有劳动，才能获得报酬，而家里的任何劳动，都由他制定了一套付酬标准。

洛克菲勒作为长子，从父亲那里学会了讲求实际的理财经商之道，这对他日后的成功产生了莫大的影响。

洛克菲勒有个记账本，上面详细地记录着自己在田里干了什么活，以此来向父亲要求报酬。同时，他把这些钱积攒下来，贷给当地的农民，收取一定的利息，从中赚取费用。

还有一次，他在树林中发现了一个火鸡的窝，就把小火鸡弄回家中自己饲养，到感恩节的时候，他把火鸡卖掉，大赚了一笔。

他做的这些事都得到了父亲的赞扬。父亲一直告诉他："要懂得经营，做生意要趁早。"虽然这种想法未必完全正确，但对年幼的洛克菲勒而言，却是影响他一生的。那个时候并没有"理财"这个词，但是父亲教给洛克菲勒的，无疑便是理财的观念和意识。

16岁那年，洛克菲勒决定放弃升大学，到商界谋生。为了寻找工作，他在克利夫兰的街上跑了几个星期，拿定主意要找一份前程远大的工作。

1855年9月26日，他在一家经营谷物的商行当上了会计办事员。从此，这个日子就成了他个人日历中的喜庆纪念日，他把它作为第二个生日来庆祝。"就在那儿，我开始了学做生意的生涯，每周工资是4美元。"他这样说。从严格意义上来讲，洛克菲勒的理财生涯由此真正开始了。

这个年轻的小伙子工作十分认真刻苦，账簿做得清清楚楚，没有差错，这些顿时让老板休威刮目相看。在公司工作的第三年，洛克菲勒无意中听到了英国即将发生饥荒的新闻，便自作主张大量收购食品。为此，老板极为不满。但没过多久，英国真的发生了饥荒，公司的货物销往外国，获得了巨额利润。一时间，洛克菲勒在当地成为人们谈论的中心，一个19岁的小商业天才就这样诞生了！

此时的洛克菲勒已经凭借着从小培养起来的良好的

知识万花筒

哈德逊河：也叫赫逊河，是美国纽约州的大河。1524年，意大利探险家乔瓦尼·达韦拉扎诺发现了这条河。哈德逊河发源于阿第伦达克山间的冰川湖，全长507公里，上游分出的莫华克河向西连接伊利运河，是纽约州的经济命脉。哈德逊河流经的城市有纽约市、奥尔巴尼市。

火鸡：又叫七面鸟或吐绶鸡，是一种原产于北美洲的家禽。火鸡的体型比一般家鸡大，能重达10公斤以上。烤火鸡是美国人在感恩节及圣诞节期间的传统食物。

理财意识和敏锐的经营头脑，赚到了自己的第一桶金。

1858年，不满足于做个小助理的洛克菲勒辞掉工作，从父亲手中以1分利贷款1000美元，与和他有过相同工作经历的英国人克拉克合伙成立了"克拉克·洛克菲勒经纪公司"，把美国西部的谷物、肉类出售到欧洲，开启了他的创业之路。

美国的南北战争把刚刚20岁、理财嗅觉灵敏的洛克菲勒变成了一个富人。他每年花300美元雇人替他入伍打仗，而自己却紧紧抓住战争带来的重大机遇，积累了雄厚的资本，为以后的发展奠定了坚实的基础。

战争给洛克菲勒创造了发展的新天地，而战后的经济繁荣又给理财观念超前的他带来了无数的机遇。他仅以4000美元的投资与他人合作成立了石油公司。自此，这位资本家一头扎进了"黑金之河"，财富从油井里喷涌而出，源源不断。

无与伦比的商业才智和贪婪的天性使他在短期内创建了美国最有实力、最令人生畏的垄断性企业——标准石油公司。他也由此发迹，成为世界首富，创造了美国历史上一个有关财富的神话。

正如我们所知道的，理财不仅包括开源，还包括节流。理财高手洛克菲勒在开源方面的非凡本领我们已经见识过了，现在让我们来看一下他是如何节流的。

洛克菲勒虽然聚敛了巨额财富，但自己的生活非常俭朴，而且时时刻刻都在给他的儿女们灌输他那一贫如洗的儿时的价值观。

防止儿女挥金如土的第一步就是不让他们知道父亲是个富人。洛克菲勒的几个孩子在长大成人之前，从没去过父亲的办公室和炼油厂。

洛克菲勒在家里搞了一套虚拟的市场经济，委派他的妻子担任"总经理"，要求孩子们认真记账。孩子们靠做家务来挣零花钱。

他不厌其烦地教育孩子们要勤俭节约。每当家里收到包裹时，他总是把包裹纸和绳子保存起来。为了让孩子们学会相互谦让，他只买了一辆自行车给4个孩子。他的儿子小约翰长大后不好意思地承认说，自己在8岁以前穿的全是裙子，因为他在家里最小，而前面3个都是女孩。

洛克菲勒不仅在生活中进行节流，在工作中也是如此。他可以把提炼每加仑原油的成本计算到小数点后的第3位数。

　　他曾在给一位员工的信中写道："我从16岁开始参加工作就记收入支出账，记了一辈子。它是一个能知道自己是怎样用掉钱的唯一办法，也是让一个人能事先计划怎样用钱的最有效的途径。如果不这样做，钱多半会从你的指缝中溜走。"

　　理财是一门学问，也是一种人生态度。许多人将注意力放在收入这个源头上，总是认为钱拿得越多越富有。其实并不完全对。理财就像往水池里蓄水一样，水龙头进水量的大小固然很关键，但是下水管道的大小也非常重要。如果虽然水龙头大，但是下水管道比水龙头更大，那水池子里也很快就会没有水了；相反，池子里的水会越蓄越多。

　　有人说：理财有点像打仗，只不过没有硝烟。的确，我们都会遇到花钱和省钱这个理财问题。每一分钱都是绝对受你调遣和指挥的"战士"，如果你没有将军般的才能，那你的"战士"就会白白地"牺牲"。每一位成功的富翁，都是理财的高手，同时也是节俭省钱的专家。

　　理财不仅是一门学问，同时也是一种增加收入的有效方式：如果我们会理财，那我们就能更快地积蓄自己的财富，再将一定的财富用于合理的投资，这样，我们的财富就会加倍增长！

知识万花筒

　　南北战争：又称美国内战。这场战争的起因为美国南部十一州以亚伯拉罕·林肯于1861年就任总统为由退出联邦，另成立以杰斐逊·戴维斯为"总统"的政府，并驱逐驻扎南方的联邦军。林肯下令攻打"叛乱"州，战争由此爆发，并最终以北方军胜利而告终。

年   月   日

第2天／默多克
树立正确的消费观

最近发表的一项调查发现，我国近七成青少年过去一年出现过入不敷出的透支情况，当中四成人会以借贷来解决，主要是向亲友求助。

这是个让人不能不重视的问题。透支未来的钱，会让年轻人养成过度消费甚至享乐奢靡的陋习，这个问题比不善理财更为严重。因为这种陋习会腐蚀我们的价值观和道德品质，瓦解我们的生活斗志，还会使我们堕入犯罪的深渊。

青少年正处于求学阶段，赚钱能力有限，收入来源主要是父母提供的日常零用钱，但用起钱来"洗脚不抹脚"的现象却相当普遍。

在物质享受挂帅的今天，社会上充满了各式各样的诱惑，父母忽视子女品德教育而以金钱、物质作为补偿，再加上铺天盖地的名牌广告，这些都令很多青少年盲目追求"潮、型、威"，以此彰显自己"高人一等的身份地位"。

这样久而久之，就会造成诸多不利于青少年健康成长的精神困扰，甚至使青少年为满足无休止的物质欲，不惜铤而走险，犯下抢劫、贩卖盗版光碟、从事色情行业等罪行，给人生留下不光彩的一页。

所以，我们应学会制订收支计划，确立正确健康的消费观，别让一时的冲动操纵了我们对财富自由支配的权利。

默多克1931年3月11日出生于澳大利亚墨尔本以南30英里处的一个农场。父亲凯斯·默多克在澳大利亚拥有《论坛报》集团，是一位很有成就的报业人士，1933年被澳政府授予爵士头衔。默多克的母亲伊丽莎白·格林曾是一位优秀的演员，她很有主见，性格果敢，对儿子默多克既宠爱有加又要求严格。

父亲凯斯对他唯一的儿子小默多克很是喜欢，甚至有点溺爱。为了纠正默多克在父亲的宠爱下养成的任性和娇气的不良性格，母亲伊丽莎白专门为默多克在花园里盖了一间小木屋，只有在寒冷的冬天，默多克才可以和父母以及姐妹们一起在大房子里睡觉。

从春天到秋天，太阳下山，全家吃完晚饭、读书看报以后，母亲就要求小默多克去花园的小木屋里睡觉。父亲于心不忍，几次三番地想打退堂鼓让小默多克搬回大屋睡觉，都被母亲阻止了。

一天，默多克和父亲一起到城里，父亲看见了一个玩具小陀螺："这个小陀螺很不错，是从日本进口的，你想要吗？"

"我不要，它看起来没什么好玩的，我一点儿也不喜欢。"默多克毫无兴趣地拒绝了父亲。

可刚回家不久，默多克在和同伴们玩耍的时候，发现他们都在玩这种从日本传过来的玩具。他们用绳子抽打直径3公分左右的铁陀螺使之旋转，在规定的地盘上与伙伴对战。

"嗨！默多克，你有陀螺吗？你能让它旋转多久？"默多克听了沮丧极了，一个人跑回了家。

父亲和母亲正在忙碌着，看见默多克垂头丧气地走了进来。

"怎么了，孩子？"父亲问。

"爸爸，我又突然想要那个陀螺了。"默多克小心地说。

父亲笑着说："那我们就去把它买回来，怎么样？"默多克很高兴，刚要谢谢父亲，却听母亲说："可我听说你一点儿都不喜欢它，为什么又突然喜欢了呢？"

默多克嗫嚅地小声说："我是不喜欢。可是，可是现在大家都有了，我如果没有的话他们会嘲笑我的。"

母亲明白了，原来是攀比的心理让默多克想买那个他本来不喜欢的陀螺。如果马上拒绝的话，默多克肯定会非常难过；如果同意给他买的话，虽然那个玩具并不值钱，可是这样就会助长默多克错误的消费习惯和虚荣心。看来有必要跟小默多克认真交谈一番了。

母亲走过去对默多克说："孩子，你喜欢它吗？"

小默多克摇了摇头："不喜欢。"

"那你需要它吗？"

小默多克又摇了摇头。

"那如果要买，我们为什么不买你喜欢的或是你需要的东西呢？我想这样更有意义，不是吗？"

小默多克仔细地想了想妈妈的话后，点点头说："我不要那个陀螺了。因为我既不喜欢，也不需要。"

从此以后，默多克在买东西的时候总是先想想自己是不是真的喜欢或者真的需要，这种良好的消费习惯一直伴随他长大。

一项调查表明，39.6%的青少年认为"自己有很多用了不久便不再用的东西"，由此可见，不少青少年在购买东西时，可能会因为受他人的影响，从众消费；或可能被商品的外观所吸引，凭一时的冲动而购买，买回来后却发现并非自己所需要的而闲置一旁。

另外，还有一些青少年总因攀比或缺乏计划等各种原因，去消费自己实际没有能力支付的物品，比如买名牌、买高档商品。

可是，对于中国绝大多数家庭、绝大多数父母来讲，孩子上学的钱，掏得不容易。他们或倾其所有，或外债累累，尤其是那些来自边远地区的父母就更是如此。而我们却轻而易举地将这些钱用于没有必要的消费，想想已不再年轻的父母，我们也该为他们省点钱了。

消费的目的，是出于个人的需要——不管是生理上的还是心理上的。消费应该是一件很愉悦的事情，而不是一种负担。我们反对挥霍和浪费，但是如果真的需要的话——那就买吧！

学习正确的消费观念，并不是简单地控制自己的零用钱或者一切都由父母代劳就可以达到的。就好像游泳一样，我们要想使自己远离水的威胁，就绝不能将自己和水隔绝，在岸上学游泳，是永远也学不会的。而最好的方式恰恰就是把自己放在水里——只有这样，我们才能最快地学会游泳。

要想将来有所成就，我们就必须学会在消费的过程中体会正确的消费方式。唯有如此，我们才能真正了解自己需要什么、喜欢什么，从而体会到消费的真正意义。

知识万花筒

陀螺：一种传统的儿童玩具，形状类似海螺，多用木头制成，下面有铁尖，玩时用绳子缠绕，用力抽绳，使其直立旋转。另有一种用铁皮制成的陀螺，利用发条的弹力旋转。

第3天／英格瓦·坎普拉德

学会预算，做到心中有数

在人的一生之中，考虑最多的，莫过于如何维持生活；生活能维持，生命才能延续，才能进一步谈到如何发展。而生活的维持，除了要赚取钱财外，更主要的，便是要懂得预算了。

也许有人会问，到底什么是预算？根据"全球最佳实务数据库"的定义，预算是一种系统的方法，用来分配财务、实物等资源，以实现既定的目标。当然，可以通过预算来监控目标的实施进度，有助于控制开支，并预测现金流量与利润。

通俗地说，预算就是经营和计划的具体体现，是资源配置的工具，它是我们在获得财富的过程中"一只看得见的手"。

现代经济带来了"理财时代"，而正如我们所知道的，预算是理财中最重要的内容之一。如果我们不懂得预算，不懂得规划和管理自己的钱财，即使有金山银山，也经不起挥霍无度；如果我们不懂预算，就无法"量入为出"，一旦支出超过了收入，就必然会出现财务危机。

有人说，只有有钱人才有资格谈预算，否则，能维持正常开销就不错了，哪里有余财让我们来进行预算啊？其实不然，1000万元有1000万元的预算方法，1000元也有1000元的预算方法。不论贫富，预算都应该是伴随我们一生的大事。

让我们通过世界著名家具制造商——宜家公司的创始人英格瓦·坎普拉德的经历来看看预算的重要性吧。

2004年4月5日，对于多数人来说，这只是普通的一天。但就在这一天，一条关于财富的报道却在世界商业界引起了一场地震：

瑞典最大的财经杂志《商业周刊》发布一条消息称，由于受美元贬值的影响，瑞典著名家具企业宜家的创始人英格瓦·坎普拉德以近530亿美元的个人资产，超过拥有470亿美元身价的微软创始人比尔·盖茨，成为世界新首富。

消息一经发布，就引起了一场轩然大波，要知道，世界首富的宝座，比尔·盖茨已连续稳坐了10年。而英格瓦·坎普拉德又是何方神圣呢？

1926年3月30日，英格瓦·坎普拉德出生在瑞典南部的艾尔姆塔里德，父亲是农场主。这是一个具有良好家族传统的移民家庭。经过两代人的辛苦劳动，等到坎普拉德出生以后，他的家境已经相对富裕，不必再为生计而担忧。但由于经历曲折的缘故，这个家族一直保持着精打细算的习惯，这也为坎普拉德后来拥有良好的预算思维打下了基础。

坎普拉德在5岁那年，开始了他的第一次商业之旅。

有一天，坎普拉德的一个小伙伴想要让他陪着去买火柴。伙伴一直在抱怨，说宁愿把自己的零花钱搭上一些，即使贵点，也不要走那么远的路去买火柴。坎普拉德记得自己家里有多余的火柴，就和小伙伴说自己可以和他做这笔买卖，下午他们就成交了。

人物博览馆

英格瓦·坎普拉德：瑞典人，宜家家居的创始人。如今，英格瓦·坎普拉德的商业哲学和宜家的商业文化是欧洲管理学界钟爱的课题，也是哈佛商学院经典的核心范例。

知识万花筒

微软：世界上个人计算机软件开发的先导企业。1975年，由比尔·盖茨与保罗·艾伦创办，总部设在华盛顿州的雷德蒙市。微软公司是目前全球最大的电脑软件提供商。其主要产品有 Windows 操作系统、Internet Explorer 网页浏览器及 Microsoft Office 办公软件套件等。

　　有着经商天赋的坎普拉德想利用赚到的这点钱做生意，可是，那些钱实在是太少了，又能够做什么呢？在经过仔细的盘算后，小坎普拉德决定还是和第一次一样——卖火柴。

　　坎普拉德求他的姐姐代他从集市花88欧尔买回了100盒火柴，然后开始骑着自行车向邻居销售火柴。不到一天时间，他就把火柴全部卖了出去，并从中赚了100欧尔。坎普拉德高兴极了，年幼的他便爱上了销售这个行当。但是此时的他并不知道，是他对资金的估算和对商业需求的预计帮助他赚到了这第一桶金。

　　此后，坎普拉德生意范围不断扩大。他卖过圣诞卡，还骑着自行车到处兜售自己抓来的鱼。渐渐地，他觉得不能再这样沿街叫卖下去了，他决定转型。

　　可是精明的坎普拉德并没有盲目地做出行动，而是根据自己的计划，估算了一下现有的资金。不够，怎么办？坎普拉德向父亲借了90克朗。这在当时可是一笔不小的数目，但是父亲还是坦然地将钱交给了儿子，因为他相信坎普拉德的预算能力和经营办法。结果，坎普拉德没有辜负父亲的厚望。

　　11岁那年，坎普拉德想买赛车和打字机，可是他并没有动用自己做生意的资金。在对买东西所需要的钱进行预算后，他买了一批花种，然后又卖掉了它们。他用赚来的钱买了赛车和打字机。

坎普拉德在做生意的过程中，从来不会盲目地选择什么商品或什么方法。他总是对自己口袋里的钱一清二楚，对做成一笔生意所要花费的预算了如指掌，对市场的需求评估正确。

他曾用父亲给的钱和银行汇票去进货，并卖掉了500支巴黎钢笔。他上高中时，床底下放了一个纸箱，里面塞满了他的"货物"：皮带、皮夹子、手表、钢笔……

1943年，17岁的坎普拉德突发奇想地想开一家公司。于是，小坎普拉德在叔叔的帮助下，向郡议会递交了申请。这就是几十年后价值达到数百亿美元之巨的宜家家居集团。

宜家成立初期，坎普拉德经过仔细周密的预算，把有限的资金合理地进行了配置。他没有选择那些热门而时尚的产品，而只卖一些价格低廉、用途普通的产品，如钢笔、皮夹子、画框、装饰性桌布、手表、珠宝以及尼龙袜等。

牛刀小试的坎普拉德的理想当然不止于此，他想做的是更大的事业。当时恰逢"二战"结束，瑞典正处于经济迅速发展时期，坎普拉德在深思熟虑之后，决定放弃所有的其他业务，专门从事低价位家具的经营。宜家家居时代由此开始。

开始卖家具的坎普拉德同所有的零售商一样，非常注意预算，时刻控制着成本。

为了降低成本，坎普拉德从不惜在设计上花工夫。

知识万花筒

欧尔：也译作"欧耳"。瑞典、挪威、丹麦的辅币名。瑞典中央银行规定，瑞典的国际货币代码为SEK，主币称"瑞典克朗"，辅币为"欧尔"，进位是1克朗等于100欧尔。

二战：即指第二次世界大战。1939年9月1日～1945年9月2日，以德国、意大利、日本法西斯等轴心国及保加利亚、匈牙利、罗马尼亚等国为一方，以反法西斯同盟和全世界反法西斯力量为另一方进行的第二次全球规模的战争。全球共有20亿以上的人口被卷入战争，作战区域面积达2200万平方千米。这场战争最终以反法西斯同盟胜利而告终。

宜家的邦格咖啡杯至今已进行了三次重新设计，其目的只是为了能在一个货盘上多装一些。经过三次设计后，能装数量分别为864只、1280只和2024只。由此而诞生的自组式家具，成了宜家成功的秘密之一。

在宜家刚开始的阶段，坎普拉德的事业并不十分顺利。当时瑞典国内家具市场被制造与零售商卡特尔垄断，它们靠彼此间的订货合同排斥新的竞争对手。而还在起步初期的宜家并没有那么多的预算来做宣传和其他突破垄断封锁的活动。

于是，坎普拉德寻找到一家废弃的旧厂房，并把它改造成第一个宜家仓库兼展厅。从此，第一间宜家专卖店正式诞生。为了节省预算，他还另辟蹊径，开创了融制造商和零售商于一体的经营方式，此举大大降低了家居产品的价格，深受消费者欢迎，宜家生意日益红火。

在世界上，做生意的人很多，可谓不计其数。可为什么坎普拉德获得了这么大的成功呢？

从上面的故事里，我们不难看出，预算起到了不可或缺的作用。从坎普拉德卖出的第一盒火柴，到第一支钢笔，再到第一件家具，没有一件事情是他不经过预算就去做的。每做一件事情，他不但把各项费用列得清清楚楚，而且还设计了不同的赢利模式，并根据这些赢利模式，把预计亏损的额度和赢利的大小都估算好。

预算是我们常用到的一种计划形式，它的实质就是一个资金使用计划。

我们执行比较大的项目一般都要做一个预算，预算要有余地，也要实际。余地留得太大，报批是有困难的；而如果预算太紧，要涉及追加预算，工作受影响不说，还会严重影响上司对我们的水平判断。要把预算做好就要把工作计划好，心里有数。

让我们用坎普拉德的一句话来结束这篇文章吧——"一个没有预算的目标计划是决不能被接受的。"

第4天／松下幸之助

富有是努力的结果

　　曾经有位哲人说过："走一步路是不需要勇气的。"渴望成功的我们，所要做的事情就是这样。只要我们迈出了第一步，然后再一步一步走下去，就会逐渐靠近自己的目的地。如果我们知道自己的目的地是什么，而且向它迈出了第一步，我们便走上了成功之路！

　　许多人认为成功很难，而我想说的是：其实成功并不难。不但不难，我们甚至可以说，成功很简单。说得再简单些，成功就是坚持住自己的信念，比别人多努力一点。

　　成功与不成功之间的距离，其实并不像大多数人想的那样是一道巨大的鸿沟。成功与不成功的差别只在于一些细小的动作和事情。

　　多打一个电话，多认真一些，多花一点心思——多努力一点。

　　也许会有人说："我努力过，可是我还是没有成功。"我们真的尽了自己最大的努力了么？有没有坚持

 人物博览馆

　　松下幸之助：1894年出生于日本和歌山县，是日本著名跨国公司"松下电器"的创始人，被人称为"经营之神"。"事业部""终身雇佣制""年功序列"等日本企业的管理制度都是由他首创的。

下去呢？是不是很快便放弃了自己想成功的信念呢？有很多人觉得自己也曾认真努力过，只是与那些成功的企业家相比，缺少了些机遇，多了些挫折罢了。

其实，我们所遇到过的困惑，他们也遇到过；我们所遭受到的挫折，他们也遭受过；我们所经历的挑战，他们也经历过。他们真的与我们一样，也都曾是普通平凡的人。

但是，与我们所不同的是，那些成功了的企业家在自己曾经平凡普通的成长道路上，通过自己的不懈努力，找到了属于自己的不平凡的一片天地。

个人的努力，信念的坚持，才是成长的关键，更是成功的关键。主动地学习，积极地发展，抓住机遇，用信心和汗水来丰富自己、装扮自己，这些都是努力的过程。

松下幸之助幼年时的经历，向我们充分展示了信念与努力在人生成功的道路上是多么的重要。

一提起"松下"二字，大家便会想起名扬世界的著名品牌。正如大家都知道的，松下的创始人叫做松下幸之助。

松下幸之助的人生经历是非常坎坷的。松下的父亲做投机生意失败，把祖先留下来的家产都赔了进去。松下出生时家境很贫寒，为了生计，刚上小学时便不得不离开父母，一个人到大阪独立生活。

刚到大阪时，松下在一家火盆店里做学徒兼照看小孩。他在家过惯了苦日子，所以帮人打打杂并不觉得太辛苦。可是，年纪幼小的松下，还是会经常在夜晚想起母亲，哭个不停。

松下在火盆店里工作时，有空便要负责擦亮火盆。好的火盆，光是用木贼（草名，晒干之后可用来擦亮东西）擦，就要花上一天工夫。松下本来柔软的手，很快就破了，也红肿起来。一个月下来，松下早上使用抹布的时候，水会浸入皮肤干裂处，很痛。

尽管工作辛苦，还有抑制不住的想家念头，但小松下仍坚持了下来。松下后来说，他一直认为那几个月的学徒生活，对他有很大的帮助。

这样的生活一直持续到了次年的二月。由于火盆店老板要把店迁到别处去，所以便介绍松下到他的一个叫五代的朋友开的自行车店里工作。

松下在自行车店里当学徒的工作是：早晚打扫、擦桌椅、整理陈列的商品。这些事情，松下每天至少要做一次，然后是见习修理自行车或做助手。

当时的自行车，远不像现在这么大众化。那时的自行车大多是英国和美国制造的，是有钱的公子哥才能买得起的东西。在当时松下的幼小心灵里，有着这样一个想法：将来一定要自己赚钱买一辆自行车！

那时修理自行车有点像小铁匠，店里有车床等设备，所以松下也学会了使用这些设备。当时转动车床并不用电，都是工人用手转，这对于小松下来说很是吃力。转了一会儿，手就累了，没力气再转。可是凭借着赚钱买自行车、赚钱养家的念头，松下做起来也不觉得讨厌和辛苦，有时反而还觉得很喜欢这项工作。

松下的父亲一直对自己把祖先的家产赔光这件事感到很内疚，于是便把一家所有的希望都寄托在唯一的男孩子松下身上。

松下边做学徒边学做生意，出了问题时，便跑去找父亲解决。父亲总是这样鼓励松下："伟人都是自小从学徒做起，经过千辛万苦才成功的。不要灰心，要忍耐啊！"父亲的话，给了小松下很大的鼓舞。

确定了经商赚钱的思想后，小松下用自己的聪明与勤勉开始了最初的经商之路。

在自行车店里时，来店里的客人常常叫松下去买香

知识万花筒

大阪：位于日本本州西部，是日本的第二大城市。大阪工业生产规模及其产值仅次于东京而位居全国城市第二位，是日本的经济中心，也是一座国际化大都市。

松下：指松下电器产业株式会社，创建于1918年，创始人是被誉为"经营之神"的松下幸之助先生。松下创立之初只是个由3人组成的小作坊，经过几代人的努力，如今，松下已经成为世界著名的国际综合性电子技术企业集团，在全世界设有230多家公司，员工总数超过290493人。

烟。他只好先把脏兮兮的手洗干净，再跑到附近的香烟店去买烟。

　　次数多了，他开始想，这样洗一次跑一次，又麻烦又花时间，如果大量买来放在店里，不就省事了么？既不用跑，又不必中断修车的工作，更主要的是，还可以赚点微薄的利润，真是一举三得啊。

　　当时1次买20包香烟，就赠送1包，所以松下卖21包就可以赚1包的钱。这么做了没多久，松下就出名了。有的客人对松下的老板说："你们店里的那个小徒工好聪明啊，将来一定能成为大人物！"

　　在大阪当学徒的日子里，松下学到了许多有益的知识。当时的松下边做学徒边学着做生意，对于经商的理念和手法，松下都非常认真地学习着。

　　当时的五代自行车店是很受好评的招牌店，大阪商界对招牌的重视、大阪商人对招牌的珍惜，给身处其间的小松下留下了不可磨灭的印象。

　　松下逐渐认识到，招牌，代表着特色，更代表着信誉。所以，松下在后来的经营实践中，继承了大阪商人的传统，视信誉如同生命、如同法宝。在处理许多事情的时候，宁可有别的什么损失，也不干一丝一毫有损信誉或有可能影响信誉的事情。

有很多学徒工经历了与松下同样的磨炼，最后并没有取得特别的成就，但是松下却从中脱颖而出，获得了成功。其原因有二：

其一，因为松下有着信念的支撑，松下不会甘于永远做一名学徒，他是背负着支持家庭的经济重担、带着父母要他出人头地的愿望来到大阪的。

其二，因为松下懂得一个道理。要想脱离贫困，实现自己的愿望和理想，就要一点一点从小事做起。小小的努力积累起来就会成就惊天动地的大事。所以，他从不把做学徒当成是苦差事，而是从中学习到了各种各样的经营知识和理念。

事实证明，松下在学徒期间所做过的每一份努力都没有白费，所学到的每一点知识都为他日后取得成功带来了帮助。

人生的变数很多，没有人能承诺我们的一生永远是晴天，没有人能预知草莽之中是否潜藏着毒蛇猛兽，没有人能勾勒出命运的风刀霜剑……但是，我们虽然不能控制外界环境，行动却可以产生力量，而这力量的源泉正是坚定的信念和不懈的努力。真正的信念是不可动摇、不可战胜的，真正的努力是没有休止的。当遇到挫折、遭受困难之时，用我们心头坚定的信念，努力走下去，就一定会渡过难关，迈向成功。

信念是通往成功的桥，努力是走过桥的力量。只要树立了信念，为自己搭起了这样的一座桥，然后昂首阔步地走过去，等待我们的，就是成功！

知识万花筒

一举三得：指做一个动作或一件事，取得三种不同的效果。有时候"三"是虚指，表示产生多个效果。本成语出自沈括的《梦溪笔谈》。

脱颖而出：指锥尖透过布袋显露出来，比喻本领全部露出。这个词与毛遂自荐的典故相关。毛遂在自荐的时候遭到平原君拒绝，平原君以锥子和布袋作喻，说毛遂没有能耐，毛遂则继续以锥子之喻反驳，最终获得平原君赏识。语出《史记·平原君虞卿列传》："使遂早得处囊中，乃脱颖而出，非特其末见而已。"

试着这样做

很多青少年都有远大的理想——成为著名的企业家，这当然也是因为企业家一般都是拥有巨大财富的人，但大家了解财富是怎样形成的吗？

1. 修正我们的理财观念

在很多青少年眼里，只有那些腰缠万贯、家底殷实、既无远虑又无近忧的人才需要理财，这显然是一种十分狭隘的理财观念——理财的主要目的在于学会使用钱财，使个人与家庭的财务处于最佳的运行状态，从而提高生活的质量和品位。

从这种意义上说，理财应该伴随人的一生，每个人在开始获得收入和独立支出的时候，就应该开始学习理财，从而使自己的收入更可观、支出更合理、回报更丰厚。

2. 学习和实践理财时，我们要做到

（1）钱要花在"刀刃"上，不能左手进右手出。切记：由俭入奢易，由奢入俭难。

（2）要养成良好的记账习惯，为自己每个月的开销编制预算，还要学会与银行打交道。

（3）勤工助学是一种"开源"的最佳方式，对提高自己的"财商"十分有益。

（4）在投资理财时，应遵循以下原则：风险承受力较低，投资活动较少，以保守型投资风格为主。

3. 少打工开始尝试赚钱

（1）打工不能耽误学业。世界上任何企业家很少有因为打工而主动放弃自己的学业的。我们要时刻记得，我们的第一身份是学生，因此在处理打工和学习的关系时，应以学习为主，打工为辅。

（2）打工要以获取经验、知识，锻炼能力为目的。打工一方面是为了挣钱，但更重要的是利用打工增加社会能力，这是一笔无形的财富。打工最好找与自己所学专业相关的工作，这样对我们日后就业也会有一定的帮助。

年　月　日

阅读主题2：
金钱是重要的

跟我来阅读

金钱到底意味着什么呢？古人说："君子不言钱""钱是万恶之源"，而莎士比亚认为："金钱是个好兵士，有了它就可以使人勇气百倍。"无论如何，金钱都是我们无法回避的东西。因此，我们可以肯定一点：金钱是重要的。不妨，看看几位企业家对待金钱的态度，或许，我们能有所启发。

第5天／李嘉诚
有钱才能对未来负责

君子不言钱，对很多的中国人来说，钱是个比较避讳的字眼，他们觉得谈钱是很俗的事，觉得谈钱会降低他们的品位。更有些人一向认为钱是万恶之源，是罪恶、肮脏、庸俗的代名词，因此不屑于谈钱，甚至不愿意去赚钱。

但凡有此想法的人，也只能过粗茶淡饭的简陋日子。可世人又有几个能像颜回一样"居陋巷，一箪食，一瓢饮，人不堪其忧，回也不改其乐"呢？谁会觉得可以从贫困中得到真正的欢乐呢？普通的日子

 人物博览馆

颜回：字子渊，春秋时期鲁国人，"孔门七十二贤"之一。他十四岁拜孔子为师，在孔门诸弟子中，受孔子称赞最多，孔子赞其"好学"，并以"仁人"相许。因其思想与孔子的思想基本一致，后世尊其为"复圣"。

倒还好过，一旦遇到什么疾病、灾荒，或是在兵荒马乱的年代，手里没有几个钱，那生存都将成为问题，又有何快乐可言？

金钱是人在世间生存不能回避的一个问题。对金钱太贪图固然是不该，但若对金钱持拒绝的态度，却也是没有道理的。

华人首富李嘉诚年少时的经历，向我们充分证明了一个道理：我们没有理由去鄙视金钱，无论是个人发展、家庭安定，还是国家兴盛，都离不开金钱的支撑。

1928年7月29日，李嘉诚出生于广东省潮州市北门街面线巷的一个书香世家。李嘉诚的父亲李云经受浓厚的传统道德熏陶，重义轻利，安贫乐道，而且热衷于教育事业，视教育为强国利民之本。时局动荡，生活清贫，未能建功立业的父亲，把厚望寄托在了儿子身上。年幼的李嘉诚对父亲忧国忧民的心情似懂非懂，但有一个理念却十分清晰：勤勉苦读，出人头地，报国为民。这时的他，头脑中并没有多少关于钱的概念。

1939年6月，日本帝国主义的铁蹄开始践踏这片宁静的土地。整日整夜，日本的飞机对潮州地区狂轰滥炸，宁静而美丽的潮州城成了一片废墟。

李氏一家冒着随时可能被杀的危险，躲着不时而来的流弹，爬过一道道封锁线，步行十几天，一路风餐露宿，历尽千辛万苦，跋山涉水辗转到了香港。一家人风尘仆仆，面黄肌瘦，衣衫脏旧，投靠到舅父庄静庵的家里。

只在幼年读过私塾的舅父，此时已是香港钟表业的老行尊，在香港已经是一位成功人士，备受人们的尊敬。今日有关香港钟表业的著作，莫不提及庄氏家族的中南钟表有限公司。

然而学识渊博、受乡人尊敬的父亲，在香港找工作却屡屡碰壁。在香港这个商业社会，一切都颠倒过来，拜金主义盛行，钱财成为衡量人的价值的唯一标准。没有人向李云经请教古书上的问题，更没有人夸奖他的儿子嘉诚吟诵诗文的出众禀赋。

懵懵懂懂中，小嘉诚从舅父的成功、人们对舅父的尊敬和自己对舅父的崇拜中，隐约感受到了金钱的力量。

李云经找到了工作，在一间潮商开的公司做小职员。当时，抗日战争进入最艰苦的阶段，香港商会号召商人、市民募捐，购置飞机武器来支援中国军队。李云经捐出宝贵的数千港币，而那些富商们，却动辄捐出数千上万港元。

喊了半辈子"教育救国"的李云经，对友人感叹道："实业亦可救国。"此后，他对儿子的教育方式大有改观。他不再以古代圣贤的言行风范训子，而是要求嘉诚"学做香港人"。

1941年，日本军队偷袭珍珠港，太平洋战争爆发。12月25日圣诞节前夕，英军投降，在香港上空飘扬了100年的英国米字旗颓然落下，日本太阳旗耀武扬威地高高升起。

日本把大批物资作为敌产，装船运往日本，造成香港市场物资奇缺。食米严重不足，日军实行配给制，每人每天限定6两4钱，匮乏时只能供应3两。黑市米价飞涨，最贵时每斤卖200多元。

然而就在这时，父亲因长年劳累、贫困、忧愤，染上肺病，终于在家庭最困难时病倒了。

为了给父亲治病，李嘉诚一家的生活过得相当清贫。两顿稀粥，再加上母亲去集贸市场收集的菜叶子，便是一天的伙食。

为了维持儿子的学费，父亲坚持不住院，医生开了药方，他却不去药店买药，偷偷省下药钱，供日后李嘉诚继续学业。

此时的嘉诚真真切切地感受到没有钱的日子有多么艰难，他多么渴望能有足够的钱让父亲把病治好啊。最

人物博览馆

李嘉诚：广东潮州人。1940年为躲避日本侵略者的压迫，李嘉诚全家逃难到香港，开始创业。1958年，他开始投资地产市场。1999年被评选为"亚洲首富"。现任长江实业集团有限公司董事局主席兼总经理。

知识万花筒

太平洋战争：第二次世界大战主战场之一，是由日本法西斯发动的侵略战争。太平洋战争以日本偷袭珍珠港为导火索，参战国家多达37个，涉及人口超过15亿，历时近4年，伤亡和损失难以统计。1945年9月2日，日本签署了无条件投降书，太平洋战争结束。

终，父亲没能熬过那年冬天，还是撒手人寰了。

1943年冬天，李云经走完坎坷的一生，离开了这个动荡纷乱的世界。他知道未成年的儿子，未来更需依靠亲友的帮助，同时又不希望儿子抱有太重的依赖心理，临终留下了"贫穷志不移""做人须有骨气""求人不如求己""吃得苦中苦，方为人上人""不义富且贵，于我如浮云""失意不灰心，得意莫忘形"的遗言。

此后，15岁的李嘉诚被迫离开了心爱的学校，用他那还很稚嫩的肩膀毅然挑起赡养慈母、抚育弟妹的重担。

今日的李嘉诚已经成为全香港最有钱的富豪，被港人称为"超人"。他不仅是香港的骄傲，也是我们整个华人世界的骄傲。可少时的贫困窘迫、家境的艰难、父亲的病逝，让李嘉诚每每回忆起这段往事，都不禁潸然泪下。

面对这种人生中的遗憾，难道我们还有理由去鄙视金钱吗？

当我们还是幼儿时，眼中的世界很简单，以为世界上的人只有大人和小孩之分；童年时代，我们从荧屏上、故事书里知道了，世人是有好人和坏人的分别的；再长大一些，上学了，我们又知道人还有男人和女人之分。

而今，我们对这个社会接触得越来越多，对这个世界了解得也越来越多，对金钱的感知也就越来越深，因此，我们还知道了，世人还有穷人和富人之分。

那我们是要做穷人，还是要做富人呢？

对个人来说，幸福最大化的基础就是金钱——无论人的幸福观是什么，物质享受、精神享受、自由选择，还是实现某种理想，没有金钱一切都很难实现。有钱的人不一定幸福，但没钱的人更难得到幸福。

金钱的确是重要的。没有金钱是清高不起来的，活命尚且艰难，哪能谈到精神文明、自由或理想呢？一个人的未来和发展固然要靠很多其他因素来赢得，但金钱无疑是最有力的手段和保障。

所以说，贫穷虽然不是罪过，不是耻辱，但也绝不是什么光荣的事。想做一名富人从来不是过错，只要是靠自己的双手、靠自己的努力得来的，做个富人就一定是光荣的！

年　　月　　日

第6天／香奈儿

允许自己内心渴望财富

　　有人曾做过一项针对100名4～6岁儿童的有关财富的抽样调查，发现七成以上的儿童明确表示想当富人。其中不少小朋友还形象地表示，他们想象中的富人生活是"有钱、房子住得好""有小车、开公司""每天赚到1万元"。

　　很多人不禁哀叹，这个社会怎么了？连这么小的孩子都已经懂得"向钱看"了，这个世界还怎么能迈向更高的文明？

　　其实，在市场经济中，追求经济利益既是正常的也是正确的。只要是通过诚实劳动和合法经营致富，都应当得到鼓励和尊重。

　　如果我们能够从小在意识里就形成财富观念，从某种程度上来说，能激发我们加倍努力。很多著名企业家的经历已经充分证明：渴望财富的观念可以使一个人从小立志不断努力，最终实现成为企业家的梦想。

　　1883年8月19日，被世人誉为"巴黎时装女皇"的香奈儿，在法国南部的一个小镇索米尔出生。可是，母

 人物博览馆

　　香奈儿：法国人，被誉为"巴黎时装女皇"。她于1913年在法国巴黎创立香奈儿品牌。香奈儿的产品种类繁多，有服装、珠宝饰品、化妆品、香水等，其中以香水和时装最为著名。

亲刚生下她不久，她那身为小批发商的父亲便遗弃了她们母女俩。母亲一个人含辛茹苦，艰难地抚养着小香奈儿。

尽管生活的窘迫已经剥夺了小香奈儿童年的快乐，可是，无情的命运仍然不肯放过这个可怜的小女孩——6岁时，一场大病又夺去了母亲的生命。

母亲的不幸去世，使小香奈儿彻底成了无家可归的孤儿，于是，她被送进了当地教会办的孤儿院。

教会孤儿院的生活是可想而知的，里面的人每天做着相同的事情，单调而乏味。小小的孩童与年轻的姑娘一律得穿着阴沉沉的黑色衣服，毫无色彩带来的愉悦感。

小香奈儿常常对着天边的彩虹，无奈地说："为什么彩虹的色彩那么美丽，而我们却只能穿着如死神一般的黑色衣服呢？真讨厌！"

如果说16岁之前的香奈儿最渴望的是自由和美丽，那么16岁之后的她开始认识到金钱的力量，并对金钱产生了极度的渴望。

那年，正处于花季的香奈儿终于无法忍受孤儿院与世隔绝、清冷乏味的生活，在一个晴朗的夜里，大胆而果断地翻出了那堵囚禁了少女的行动却囚不住渴望自由的年轻心灵的院墙，跑到了离家乡较远的穆兰小镇上，重新开始她独立、全新的生活。

这期间，当地有个名叫艾蒂安·巴尔桑的富家子弟与香奈儿一见钟情，两人坠入爱河。这位第一个出现在香奈儿生命中的法国乡绅，让一直身处教会学校的香奈儿首次见识到了法国上流社会。而香奈儿躲在姑姑家阁楼上偷读的小说中的女主角，也活生生地出现在她的眼前：情妇与高级妓女。那些飞上枝头做凤凰的故事一直令人津津乐道。

香奈儿心中澎湃不已，她寒酸的衣服比不上贵妇们华丽的衣着，简朴的生活与四周富丽堂皇的装潢格格不入。

这虽然是财富第一次在香奈儿的面前展示它的威力，但并没有让香奈儿感到自卑和惶恐，反而激起了她更高傲的自尊和对财富、奢华的追求。

她暗暗地在心中发誓："早晚有一天，我会拥有比这更多的金钱和更华贵的礼服。早晚有一天，我会成为你们中最让人羡慕和崇拜的一位！"

心中涌动的澎湃激情，使香奈儿不甘心一辈子只生活在封闭的穆兰小镇，她非常渴望成为上流社会中的一员，成为真正的高贵而富有的人。于是，在20世纪初的某一天，巴尔桑把不甘寂寞的乡下孤女香奈儿带到了繁

知识万花筒

乡绅：直译为乡间的绅士。在封建社会时期的中国，乡绅阶层主要由科举及第未仕或落第士子、当地较有文化的中小地主、退休回乡或长期赋闲在家养病的中小官吏、宗族元老等一批在乡村社会有影响力的人物构成。他们近似于官而异于官，近似于民又在民之上。

巴黎：法国首都，也是法国最大的城市，法国的政治、经济、文化中心。在世界城市中，它的地位仅次于美国纽约、英国伦敦，和日本东京并列为世界四大城市之一。著名景点有协和广场、凯旋门、卢浮宫、巴黎圣母院、塞纳河畔、凡尔赛宫等。

华的世界大都市巴黎。

热闹繁华、光怪陆离的巴黎使香奈儿感到如此的新鲜、有趣，这里眼花缭乱的一切让她激动不已。她暗暗决定，一定要在这个美丽的城市里扎下根，一定要成为最富有、最美丽的巴黎人。

香奈儿经常流连街头，细心地观察研究过往行人的衣着。爱美的天性，让香奈儿很快就在这个五光十色的大都市里发现了令她不解的问题。她对身边的朋友发出疑问："巴黎女人们为什么穿的都是毫无时代感的衣服呢？在如此发达的大都市，为什么女人们的穿戴都是那么得死气沉沉，那么的保守而没有时代气息呢？这真难以置信！这怎么能算大都市的女人呢？我可不喜欢这些'老土'的东西！"

艾蒂安·巴尔桑的纺织业家世引领香奈儿进入了上流社会，同时也让香奈儿成为一个引人注目的女人，而精湛的骑术让她快速地打入了男人的世界。

当她穿上自己裁制的简约服装，甚至穿上向男友借来的马裤时，立即引起了众人的议论纷纷。就在男人喜欢她、女人嫉妒她的交错背景下，香奈儿迅速在上流社会成名了。

在不断地观察和思考中，她惊喜地发现了一片蕴含着巨大商机的亟待开垦的"处女地"。香奈儿雄心勃勃，她决心要做一名巴黎服装业的拓荒者。

很快，聪明的香奈儿就成为了巴黎时尚的引领者，当然也就如愿以偿地得到了她所向往的财富及她渴望得到的一切。

1924年，香奈儿创建了香奈儿香水公司。风靡全球的香水为香奈儿的事业提供了雄厚的财政基础，使她成为世界上最显赫的富婆。她从一个只有6名店员的小老板，变成了一位拥有4家服装公司、几家香水厂以及一家女装珠宝饰物店的大企业主。

香奈儿这位乡下孤女终于实现了自己的梦想，在巴黎创建了她的"时装帝国"。人们赞誉她，纷纷向她询问成功的秘诀。她总是这样回答："哪儿有什么成功秘诀呢？如果要说有的话，那就是我有了一点现代妇女的意识。作为现代妇女，我喜欢外出，喜欢运动，喜爱过一种现代生活，因而我对时装设计有我自己独特的见解和选择。此外还有一点，就是拼命地工作。"

事实确实如此。只有拼命干，才能取得一个又一个辉煌的业绩。女作家吉罗曾撰文描述过香奈儿的工作状态：在香奈儿看来，懒惰和懈怠是不能容忍的罪恶。她自己充满了拼搏精神，从早到晚，不停地工作，有时累得手指发僵、面色发乌，也不愿停下来休息一会儿……

香奈儿的成功固然来自于她的个性、她的追求、她的标新立异和她的思考创造，但这一切的原动力无疑是她最初的那种渴望——对财富的渴望，对美好生活的向往。

渴望其实是个好东西，有了渴望就有了目标，目标是我们能完成任务的原动力。当这个目标给予我们的原动力足够大时，我们就可以做好很多平时看起来很困难的事情。

所以，不要再忽视和压抑我们心中对财富的渴望、对美好生活的向往了，就让它化作前进的车轮，为我们带来源源不断的力量吧！

人物博览馆

吉罗：全名布里吉特·吉罗，法国女作家。她的代表作品有长篇小说《父母的房间》《尼可》《黑潮》《我学习》以及一本叙事作品《现在》。她2007年出版的最新的短篇故事集《爱情没那么美好》，一出版即长踞法国畅销书排行榜，并荣获2007年龚古尔文学短篇小说奖。

年　　月　　日

第7天／沃伦·巴菲特
把自我财富教育放首位

　　每个人的成长，最终都要依赖自我教育机制而形成。自我财富教育作为自我教育的一部分，对一个人的未来起着不可忽略的作用。

　　但遗憾的是，很多人并没有意识到这一点。许多年轻人对财富的认识通常是靠日常积累的一点点常识、父母传授的一点经验和学校里开设的理财课程而得到的。

　　假如我们从认识数字开始，就不断主动去接触、学习、实践有关财富的知识，那长大后的情形会是怎样的呢？看看沃伦·巴菲特，也许我们会有很多感悟。

　　世界首富比尔·盖茨在一篇短文中写道："他的笑话令人捧腹，他的饮食——一大堆汉堡和可乐——妙不可言。简而言之，我是个巴菲特迷……"

　　所以，世界上任何崇拜、欣赏、狂热于比尔·盖茨的人，任何想要通过正当的、合法的途径得到财富的人都一定要了解一下巴菲特。

　　"投资之神"沃伦·巴菲特1930年8月30日生于美国内布拉斯加州的奥马哈，他的父亲霍华德曾涉足证券经纪业务，这让巴菲特从小就受到一种熏陶。人们熟知有关他在11岁时曾买过每股38美元的城市设施优先股的故事，但是，很少有人知道，巴菲特在更年幼的时候，就产生了成为富翁的愿望。

　　4岁时，小巴菲特得到了第一个玩具，也是他最喜欢的玩具——一个绑在手腕上的金属货币兑换器。

"他非常喜欢这个玩具。"他的姐姐多丽丝·布赖恩特夫人回忆道。就像一个心情愉快的卖冰激凌的人一样，巴菲特喜欢四处去兑换零钱，他对兑换零钱的过程和拥有金钱的感觉非常着迷。做数学计算题，特别是涉及用极快的速度计算复利利息，是他从儿童时期就非常喜欢且全心投入的一种娱乐方式。

6岁时，巴菲特第一次喝可口可乐。随后，他在祖父的小店里花25美分买了6瓶可乐，又以每瓶5美分的价格卖给邻居。这是巴菲特投资史上的第一笔交易，这笔交易让他净赚了5美分。

7岁时，巴菲特发高烧住进了医院。在病床上，他用铅笔在纸上写满数字。他对护士说，数字代表着他未来的财产。他说："现在我虽然没有太多的钱，但是总有一天，我会很富有。我的照片也会出现在报纸上。"

从幼年开始，巴菲特对财富的渴望就不仅仅是一种空想，他不停地通过各种途径来学习和实践怎样让自己得到财富，并使它们变得越来越多。

巴菲特小时候很喜欢看《赚到100美元的1000招》这本书，而且他还参照该书的建议和几名好友逐项尝试攒钱：到跑马场清扫票根、收集高尔夫球出售等。

11岁时，他开始钻研他父亲的股票经纪业务。当年，他第一次买入他的第一只股票——城市设施优先股，买入3股，成交价38美元每股。他刚买完，这只股票便跌了，但他坚持不卖。当股价涨至40美元时，他卖掉了它们。

人物博览馆

沃伦·巴菲特：美国人，全球著名的投资商。在2008年的《福布斯》排行榜上，巴菲特财富超过比尔·盖茨，成为世界首富。

知识万花筒

优先股：是相对于普通股而言的。在公司分配盈利时，拥有优先股票的股东比持有普通股票的股东分配在先，而且享受固定数额的股息。另外，优先股一般不上市流通，也无权干涉企业经营，不具有表决权。

14岁时，他将节约下来的1200美元投资买下了内布拉斯加州的一块农田。

15岁时，他的第一份工作是在他父亲的股票经纪公司的黑板上抄写股价。后来，他投递《华盛顿邮报》，每月可获得175美元。

17岁时，巴菲特与他的一个朋友花25美元买下了一个旧的弹球游戏机，并将它放在一个理发店里。在数月之内，他们就在不同的位置拥有了三个这样的游戏机。就在那一年底，他们以1200美元将这些业务卖给了一个老兵。此时，他靠送报已挣得了5000多美元。他的父亲建议他应该上大学。

19岁时，他转学到内布拉斯加州大学。大学毕业后，J·C·佩恩先生提供给他一份工作，但被他拒绝了。他的储蓄这时已达到9800美元。

在巴菲特没有确定自己的投资体系之前，他和绝大部分投资者一样做技术分析、听内幕消息。这就是真实的巴菲特，他可不是一生下来便知道应该以14倍的市盈率去购入可口可乐股票的。

巴菲特在未满20岁时也"炒股票"——他知道老师们持有AT&T股票（这是只典型的蓝筹股），于是择机抛空。同龄的男孩子平时看报纸只会留意体育版，但他却看财经版研究股票图表。

中学毕业之后，巴菲特被劝说前往宾州大学沃顿商学院念书，但他却经常泡在费城的交易所里研究股票走势图和打听内幕消息。

如果巴菲特当时继续研究走势图和打听内幕消息，现在或许已经破产，或者仍是一名散户而已。但是他没有停下学习的脚步，他申请到两位著名的证券分析家本杰明·格雷厄姆教授和大卫·多德教授执教的哥伦比亚大学就读的资格。在哥伦比亚大学，格雷厄姆的苏格拉底式教学使巴菲特获益良多。

1957年，著名的投资咨询专家费雪出版了《普通股和不普通的利润》一书。27岁的巴菲特读后亲自登门向费雪讨教，他认为费雪的理念令人折服。大概在20世纪50年代后期，他开始逐步形成自己的投资体系。

如今，几十年过去了，巴菲特不断积累和实践了自己的投资理念，也书写出了精彩的投资神话。

35岁，他买下了一家名为伯克夏的纺织企业，当时它已处在倒闭的边缘。30年后，这家当初只有几百台纺纱机器的工厂变成了拥有230亿美元的庞大的投资金融集团。

2001年，伯克夏公司的净资产已达1620亿美元，在全球100家资金最雄厚的公司中位列第13位，旗下拥有家具、地毯、珠宝和糖果公司、饭店、天然气和飞

知识万花筒

《华盛顿邮报》：美国华盛顿哥伦比亚特区最大、最老的报纸，以擅长报道美国国内政治动态而闻名。1877年由斯蒂尔森·哈钦斯创办，1880年，该报成为华盛顿特区首家每日出版的报纸。

宾州大学沃顿商学院：即宾夕法尼亚大学沃顿商学院。1881年创立，位于美国费城，是美国第一所大学商学院，也是世界上首屈一指的商学院。学校的使命就是通过总结传播商业知识和培养领导人才来促进世界的发展。

沃伦·巴菲特的投资法则：

一、赚钱而不是赔钱。

二、别被收益蒙骗。

三、要看未来。

四、坚持投资能对竞争者构成巨大"屏障"的公司。

五、要赌就赌大的。

六、要耐心等待。

机公司等。

这真是一个令人难以置信的神话！

11岁就开始投身股市的神童少年并不算太罕见，但不是每一个人都取得了沃伦·巴菲特这样的成绩，更不是每个人都有如此的好运气。

这世界上不知道有多少人想拥有这种"好运气"，但"财神"仿佛只对他青睐有加，从11岁那只股票开始，他就一路顺风地发了家。

但巴菲特并不认为自己有过人之处或者是那种天生勤奋，可以靠后天努力来敛财的人。"我只是在正确的时间、正确的地点拥有了正确的技能而已。"

可是如何选择正确的时间和正确的地点，如何拥有正确的技能，这正是让世上大多数人感到费解、困惑的事。

其实，从巴菲特的经历中我们不难看到一条不断在自我财富的教育下成长的轨迹：

——着迷换钱玩具，从而爱上金钱和数字；

——6岁卖可乐，赚到生平第一笔钱；

——7岁发誓要非常富有；

——尝试实践《赚到100美元的1000招》来攒钱；

——11岁钻研他父亲的股票经纪业务，并买了第一只股票；

……

每一次财富的积累都源于他对赚钱方法的实践，而每一次实践则都来自于他的钻研和学习。没有人告诉他财富之路如何铺就，但他自己告诉自己该怎样去走，并且从未停止过。

年轻的我们，现在就应该开始认真学习积累财富的方法，并尝试着亲身去实践。只要这样做，未来就一定会得到财富，也许我们自己就是下一个巴菲特。那么，现在就要赶快开始，把自我财富教育当作目前的首要任务了！

年　月　日

第8天／比尔·盖茨
让金钱成为你的好仆人

　　金钱，虽然是我们生存的必要条件，但也仅仅是个基础而已。西方专家曾做过实验，论证幸福与金钱的关系，最后的结论是1∶0.25。

　　也就是说，当幸福为1时，金钱只占其中的0.25。坐标以人们对"幸福的满意度"为纵轴，以人们的"金钱收入量"为横轴，两轴相交的起点为零点。坐标显示：当人们的"收入量"为零时，"幸福"的指数也确实几近于零；而一旦有了"收入量"——仅仅是有了"衣食无忧"的金钱，"幸福"的曲线就会急剧攀升，然后基本保持在一条水平线上。在这之后，任凭"金钱收入量"增加至百万、千万、上亿，"幸福的满意度"也不会继续上扬。

　　2004年2月，美国《福布斯》杂志公布：比尔·盖茨因其拥有的净资产470亿美元，仍排名世界富翁的首位。

　　然而，让人意想不到的是，这位世界首富没有自己的私人司机，公务旅行不坐飞机头等舱却坐经济舱，衣

知识万花筒

　　《福布斯》杂志：创始人 B.C. 福布斯。1917 年，福布斯在美国独立创办。该杂志是美国第一本纯粹报道商业新闻的杂志。它独特的以"关注实践和实践者"为理念的报道方式，使其成为今天美国主要商业杂志中唯一保持 10 年连续增长的刊物，受众群在商业杂志中占据魁首。

着也不讲究什么名牌；更让人不可思议的是，他还对打折商品感兴趣，不愿为泊车多花几美元……为这点"小钱"，如此斤斤计较，他是不是"现代的阿巴公（吝啬鬼）"？

可另一面的事实显示，比尔·盖茨并不是那种悭吝的守财奴。比如，微软员工的收入都相当高；他为公益和慈善事业一次次捐出大笔善款，还表示要在有生之年把95%的财产都捐出去……

比尔·盖茨总是告诉妻子，自己努力工作并不只是为了钱。对待这笔巨大的财富，他从没有想过要如何享用它们，相反，他在使用这些钱时却很慎重。

一次，他与一位朋友前往希尔顿饭店开会，那次他们迟到了几分钟，所以没有停车位可以容纳他们的汽车。于是他的朋友建议将车停放在饭店的贵宾车位。比尔·盖茨不同意，他的朋友说："钱可以由我来付。"比尔·盖茨还是不同意，原因非常简单，贵宾车位需要多付12美元，比尔·盖茨认为那是超值收费。

婚后，比尔·盖茨与妻子很少去一些豪华的餐馆就餐，有时由于工作上的需要才不得不光顾一些高级餐厅。一般情况下，他们会选择肯德基，或是去一些咖啡馆。有时，他们还会一起光顾一些很有特色的小商店，在西雅图有法国、俄罗斯、日本，以及南美一些国家的人开设的商店，在那里可以找到这些国家的一些特色商品。

他非常讨厌那些喜欢用钱摆阔气的人。他在杂志上发表自己的见解："如果你已经习惯了过分享受，你将不能再像普通人那样生活，而我希望过普通人的生活。"

比尔·盖茨明白，如果你不断地追求过分的享受，那么你的精神就已经被金钱俘虏！

一次，比尔·盖茨与妻子来到一家墨西哥人开设的食品店，这里被公认为西雅图最实惠的商店。刚一进店门，比尔·盖茨就被"50%优惠"的广告词吸引，而在不远处的葡萄干麦片的大盒包装上的确写着这样几个字。

比尔·盖茨似乎不敢相信这个标价，因为同样的商品在本地的其他一些商店要比这里的价格高出一倍。比尔·盖茨想得知它的真伪，便上前仔细端详。当他确认货真价实时，才付钱买下来，并告诉妻子梅琳达："看来这里的确如同人们所说的那样，我今天很高兴自己没有被多掏腰包。"

这种朴素的风格也影响了很多微软的员工，他们都非常懂得节俭，因此一些人称这是微软的"饥饿哲学"。比尔·盖茨告诉他的员工："我们赚的每一分钱都来之不易，是我们的血汗钱，所以不应该乱花，要花在刀刃上。"

众所周知，比尔·盖茨与妻子都十分疼爱自己的孩子，但是在满足孩子们的一些要求上，他们绝对是一对吝啬鬼。比尔·盖茨从不会给孩子们一笔很可观的钱，当小儿子罗瑞还不会花钱，而女儿珍妮弗已经可以拿着一些零用钱买自己喜欢的东西了时，罗瑞总是抱怨父母不给自己买他最想要的玩具车。比尔·盖茨有自己的想法，他认为：再富也不能富孩子。

的确，在钞票中长大的孩子，他们的养尊处优终将会让他们一事无成。所以，比尔·盖茨夫妻两人宁愿将这些钱捐给最需要它们的人，也不随意交给孩子挥霍。

比尔·盖茨甚至公开表示过："我不会将自己的所有财产留给自己的继承人，因为这样对他们没有一点好处。"而有些父母却早早地就把孩子交给了金钱，最终结果是，这些孩子很难逃脱被金钱奴役的命运。

在私人的金钱花费上，比尔·盖茨非常节制，但是

 人物博览馆

比尔·盖茨：美国微软公司的董事长。1995年到2007年的《福布斯》全球亿万富翁排行榜中，比尔·盖茨连续13年蝉联世界首富。

 知识万花筒

西雅图：位于西北部太平洋沿岸华盛顿州普吉特海湾和华盛顿湖之间的国王郡，是国王郡的郡府所在地。西雅图是美国太平洋西北区最大的城市，也是美国太平洋西北部商业、文化和高科技的中心，是贯穿太平洋及欧洲斯堪的纳维亚半岛的主要旅游及贸易港口城市。

在事业上，有时他为了让自己的产品打入市场会不惜重金。

尤其是在竞争激烈的时候，比尔·盖茨会不惜一切代价取得市场，那时，他并不在乎钱的问题。在占领DOS市场的时候，其他软件价格都在50～100美元，而比尔·盖茨会以接近免费的低廉价格推出自己的产品。正是由于微软公司操作系统的普及，客户会认为这些系统整合得很好，便会一同购买微软公司的其他软件。

当互联网逐渐发展起来的时候，为了与网景抢占网络浏览器软件市场，比尔·盖茨决定免费赠送客户大量的软件、使用手册与电话服务。相比之下，网景的行销则显得很保守。虽然，这些让微软一时亏损许多，但是却由此获得了大份额的市场。

凡是做过营销的人，都会明白这些，产品销路不畅的问题对一些小公司来说特别重要，如果以很低的价格出售自己的产品，对他们来说也是非常危险的。

但是比尔·盖茨更清楚，一旦自己的产品成为行业标准，将会产生不可估量的价值，所以他一直告诫自己的妻子梅琳达，不要为了在营销上少花钱而绞尽脑汁。

如果说金钱还有更伟大的价值，那就是在可能的条件下对其他人进行帮助。

现在，微软公司的员工所得的各项收入，即使在美国也是最高的，而且，比尔·盖茨从不吝啬给员工发放一些奖金。早在创业之初，公司总经理的年薪就达到了22万美元，而那时，比尔·盖茨每年只领取13万美元。他认为，自己对公司做出的贡献并不是最大的。

在微软，还有一个让人不敢相信的数字。那就是，每年都会在几千名员工中产生几十个百万富翁。比尔认为，这些钱只是他们成功的象征而已，除此之外，他不觉得还有什么意义。

另外，他还创建了比尔—梅琳达慈善基金会，帮助地球上更多的需要帮助的人。

比尔·盖茨曾经说过："我不是在为钱而工作，钱让我感到很累。"对他而言，创业是他人生的旅途，财富是他价值量化的标尺。"我只是这笔财富的看管人，我需要找到最合适的方式来使用它。"这就是比尔·盖茨对金钱最真实的看法。

事实上，钱既不会改变他的生活，也不会使他从工作上分心。他经常告诉那些向他求经的朋友："当你有了1亿美元的时候，你就会明白钱只不过是一种符号而已。"

的确，金钱是最好的仆人，但却是最坏的主人。当我们以它为主时，它就会无止尽地向我们索取一切：健康——年轻时拼命赚钱以致牺牲健康，年老时又拼命花钱恢复健康，其实何必这么辛苦呢；家人关系——孩子小时不陪伴他，到他大时已有自己的生活圈子；生命——许多人对未来过分忧虑，但却忘记现在，于是，他们既不生活于现实之中，又不生活于未来之中。他们活着的时候好像从不会死去，但死去以后，又好像从未活过……

圣经里有一句警语发人深省："人若赚得了全世界，而赔上了自己的生命，有什么益处呢？人还能拿什么换生命呢？"

好像小孩子与大人下棋，拼命吃卒马，忘记敌军已兵临城下危及主帅安危。如果我们把金钱当作自己的主人，最后的结果一定是赔上自己的幸福，那真是不值得！这是成为企业家最忌讳的事！

知识万花筒

网景：由 Netscape 翻译而来，即网景通信公司。网景曾经是一家美国的计算机服务公司，以其生产的同名网页浏览器 Netscape Navigator 而闻名。1998 年 11 月，网景被美国在线（AOL）收购。

试着这样做

有人说：金钱不是万能的，但没钱是万万不能的。由此可见，金钱在当今社会是多么的重要。

1.金钱是不可缺少的

和任何我们所能想到的其他东西相比，金钱对我们生活的影响显然更大。在今天这个市场经济的社会中，金钱标志着勤奋、智慧、地位，也标志着仁慈与爱心。所以，我们应该通过合法的劳动使自己富足起来。

2.金钱绝对不能成为我们的唯一追求

金钱是幸福生活的必要条件，但金钱并不等于幸福，因为人类不能没有精神生活。物质生活富裕而精神生活空虚的人，不会有真正的幸福。

时刻记住，我们要做的是企业家，而不是守财奴，追求的是事业和成功，而不是金钱和享乐。

3.做金钱的主人，不做金钱的奴隶

要想获得真正的财富成功，其中一个最基本的法则就是要热爱他人并且利用金钱，而决不是热爱金钱而利用他人。我们可以享受金钱——尊重它并使用它，但要记住金钱仅仅是一种工具。

合理地规划我们的开销，并学会享受金钱，还可以梦想拥有更多金钱，但千万不要为金钱而活着。

年 月 日

跟我来阅读

阅读主题3：赚钱需要好心态

　　培根在写作《金钱论》时曾提到过这样一个故事：一位知识渊博、位高权重、且以简朴出名的大臣，却在老年时被查出贪污军饷60万英镑。他把这些钱全部藏在了地窖里，整日战战兢兢，一分没动，但最终还是被判处了死刑。

　　所谓"君子爱财，取之有道"，面对金钱，没有一个健康、正常的心态，自然也就无法轻松快乐的生活。那么，赚钱应该拥有怎样的好心态呢？下面几位企业家的故事会告诉我们。

第9天／翟隽

学会选择，学会放弃

　　诗人泰戈尔说过："当鸟翼系上了黄金时，就飞不远了。"智者曰："两弊相衡取其轻，两利相权取其重。"这就是说，人生要经历选择与放弃，不能"鱼与熊掌兼得"。

　　古人云：塞翁失马，焉知非福。选择是量力而行的睿智和远见，放弃是顾全大局的果断和胆识。每个人都是自己生命唯一的导演，只有学会选择和放弃的人才能彻悟人生，笑看人生，拥有海阔天空的人生境界。

　　翟隽，投资银行家，目前还担任山西省政协委员及

 人物博览馆

　　泰戈尔：印度诗人、哲学家。1913年泰戈尔获得诺贝尔文学奖，成为第一位获此殊荣的亚洲人。泰戈尔的诗在印度享有史诗的地位，他的诗歌代表作有《吉檀迦利》《飞鸟集》等。

北京市青联委员。1987年，他从太原五中考入北京大学，而这是他放弃了保送到南开大学的名额，坚持参加高考的结果。

上了北大，在这个精英聚集的中国最高文科学府里，他选择的是城市规划专业，还当上了北大学生会的副主席。这样，他将来要么会成为一位出色的设计师，要么成为一位优秀的政府官员。这两个角色在当时或者现在都是很不错的职业，但翟隽再次选择了放弃。

1990年，翟隽放弃了北大的学籍远走澳洲，这次的决定更出乎人们的意料。后来在谈起这件事情时，翟隽是这样解释的："1989年，我做了很多的思考。作为大学生，空谈志向、空有热情都不足以成为国家未来的主人翁。一个国家的建设需要真抓实干的人，需要有一技之长的人，需要能和世界接轨的人。"

当时，正值中国的改革开放进入到一个新的阶段。国外技术和资金的大量引进，让许多中国人充分认识到科学技术的重要性，出国深造也成为一个潮流，只不过翟隽不是跟从，而是先驱。

到了澳大利亚的梅铎大学后，翟隽唯一的冲动就是学习。语言的障碍、异国的陌生，也曾让他有过放弃的想法，但是翟隽在没有做出更好的选择之前是不会放弃的，尤其是他曾经认为正确的选择。翟隽成了这所大学一个勤奋的苦读者，利用一切时间、一切机会，解决语言问题、汲取知识源泉。3年里，他顺利拿到财会和金融两个专业的学士学位，并连续两年被评为"最优秀学生"。

学业完成之后，翟隽又面临着选择，定居国外？回归祖国？当国际金融资本开始进入中国的时候，国内的许多业务还处在摸索阶段。冷静思考后，翟隽放弃了定居国外，选择去香港。香港作为一个国际性的金融大都市自然有它许多先进的东西，更主要的是香港即将回归祖国，向心力在增加，而香港中西融合的特点更加符合翟隽对于未来的设想。

1993年，他到了香港德勤会计师事务所，主要从事国内上市公司的审计工作。在此，他接触到了大量的国内企业，也从中不断加深了对内地企业上市运作的了解。同时，他继续学习，3年后拿到了"澳大利亚注册会计师"资格，完成了一次新的跳跃。

1997年，他进入施罗德国际商人银行，开始了他的投资银行职业生涯。在对投资银行的业务有了一个新的认识之后，为了选择更大的平台，他把目光定在了美资银行上。

一年半后，他到了雷曼兄弟。又过了一年，高盛争取到了"中国石油"海外上市的项目，翟隽被挖到了高盛。从1997年7月到2000年4月，翟隽一直在操作这个项目，每天工作十几个小时，忙碌而充实。

2001年6月，翟隽再一次选择放弃，离开了事业向上的高盛，加入了才刚刚进入中国市场的德意志银行。德意志银行有商业银行、投资银行、资产管理等很多方面的业务，在世界上实力名列前茅，但在中国的市场份额却是一个"零"。翟隽的此次选择依然出乎人们的预料，在谈到其中原因时，他说："到德意志银行主要考虑它的综合实力和对中国市场的重视，但吸引我的是它的空白点，因为空白正是生命的生长点。"

翟隽把全部心思放到了德意志银行业务在中国的拓展上。从最初的3个人，连一台彩喷打印机都没有，到2005年，德意志银行成为一个拥有数十个不同专业背景和优势的优秀团队。依靠这个团队的努力，德意志银行在财务顾问、股票承销、房地产金融、资产证券、网上银行等业务上都取得了全面的突破，一举跻身外资银行在华业务三甲行列。

从翟隽的身上，我们看到了一次次的放弃，也看到了一次次的选择，看到了一个把一种可能变成多种

人物博览馆

翟隽：投资银行家。1969年生于山西太原，曾担任德意志环球银行董事总经理、中国部主管，现任麦格理资本（香港）有限公司中国区总裁。

知识万花筒

雷曼兄弟：指雷曼兄弟公司。1850年在亚拉巴马州蒙哥马利市成立，是一家全球性多元化的投资银行。2008年9月15日，在次级抵押贷款市场（次贷危机）危机加剧的形势下，雷曼兄弟公司宣布申请破产保护。

可能的人。更为重要的是，他将多种可能变成了一种可能，并将这一种可能变成了现实。

选择是一种智慧，放弃也是一种智慧。"战略之父"迈克尔·波特说过："战略的本质是选择何者不可为。"没有取舍，企业就不需要战略。从不知道自己能做什么，到知道自己不能做什么，在这条道路上，倒下了很多中国的企业家，也成就了很多中国的企业家。战略原本无高低优劣之分，适合的就是最好的。

在温州，正泰集团董事长南存辉被称为"沉稳、几乎没有失误过的"企业家。而他的一句名言就是"成功的企业家就要学会放弃"。

经过20多年的艰苦创业，正泰这家由修鞋匠创办的公司一度成为全国产销量最大的工业电器高科技产业集团，其间经历了很多放弃和选择。

"做企业需要学会选择，学会放弃，尽可能要挡住诱惑，学会说'不'。一旦有一点成绩之后，很多人会追捧你，会表扬你，很多人需要你做得更大，会给你更多的机会，这个时候往往很难把握自己。"南存辉说，他的关键词就是"放弃"。

我们的人生道路刚刚开始，可能会面临很多难以决断的选择，难免会患得患失，其实，放弃是一种坦荡的心境和大度的气概。懂得放弃，是静下心来当一回医生，为自己把脉，重新点燃自信的火把，照亮人生中不如意的症结，然后分析与某种选择失之交臂的原因。根据自身的特点选定一个目标，努力掌握一门专长，多看一些奋发努力的书籍，开阔视野，荡涤一下容易浮躁的心灵。

而这些话用一句简练的话说出来，那就是：我们不仅要学会如何拥有，更要学会如何放弃。仅仅学会拥有是不够的，仅仅学会拥有也是不现实的，还必须学会放弃。只有学会放弃，才可能更好地拥有！

不管昨天拥有晴朗，还是阴霾，学会放弃，我们将从自己的明天起，获得更新一轮的太阳，获得更广阔的一片天空！

年　月　日

第10天／金·坎普·吉列
相信自己是富翁

《福布斯》富豪排行榜上的富豪们在成功以前也是普通人，但他们拥有敢想敢干的精神，坚信自己能成为企业家。

成功者在成功之前，就已经相信自己是富翁了。不相信自己能致富的人很少会致富，但又有多少人相信自己能够成为百万富翁呢？

如果我们仔细研究百万富翁的身世，就会发现很多人出身平凡且智力并不超群，但他们有共同的一点，就是骨子里就深信自己生下来不是要做穷人，而是要做富人的。他们有强烈的赚钱意识，这已是他们血液里的东西，他们会想尽一切办法使自己致富。他们明确地知道：我的信念、我的追求是什么？是赚钱！只有在这种信念的指引之下，他们的财富精神才能超常发挥，才会用尽全力，使尽浑身解数，激发巨大潜能，创造出意想不到的成就和奇迹。

穷人最缺少的，是成为富人的野心！

人物博览馆

金·坎普·吉列：1855年出生于美国芝加哥，美国吉列公司的创始人。吉列公司以出色的产品决策，令他们生产的蓝吉利刮胡刀片享誉世界几十年。至今，在制造和销售剃须刀片这个最主要的业务范围内，吉列公司仍然垄断着市场。

在20世纪，也许最为人熟识的面孔要属金·坎普·吉列的那张脸了，他的画像出现在销往全世界的、数以百万计的剃须刀的包装上。金·坎普·吉列，由发明刮胡刀开始，到把它推向市场，前后用了将近8年时间。这8年岁月，对吉列而言，不啻漫长的一个世纪。如果他不是具有坚定的致富信念，如果他不是把自身的优秀素质发挥出来，如果他不是拥有渴望财富的心态，他的安全刮胡刀也许走不到今天。

金·坎普·吉列自幼家境不好，读书不多，16岁那年，父亲的生意破产，家徒四壁，正在上学的吉列为了减轻家里的负担，被迫辍学。为了维持生计，吉列走上了推销员之路。推销员的工作既辛苦又不稳定，在激烈的竞争环境中，他整天忙忙碌碌地为不同的公司推销着日用百货、食品、化妆品、服饰等各类物品。

虽然他做推销员的成绩非常出色，但他真正的志趣并不在此。他并不甘心就这样庸庸碌碌过一辈子，他想成为一个真正的富豪，成为财富的主人。

有一次，跟一位同行闲谈，聊到个人的未来愿望时，那位推销员说："我认为世界上再没有比做一个成功的推销员更痛快的事了。你看，就像我们这样，一年有将近2/3的时间在外面旅行，吃得舒服，住得舒服，玩得也自由，不像在太太身边一样，不管到什么地方去，都得先向她备个案。"

"也许你是因为怕太太的关系，所以才会有这种想法。"吉列笑着说，"我却觉得做推销员不是个长久之计。"

"为什么？"

"因为，不管你推销的技术如何高明，也不管你的业绩是何等的优异，总是替人家干的。"吉列说，"这一行赚钱再多，终究有个限度。所以我认为要想赚大钱，必须要自己干。"

"哟，原来你想当大老板！"那位同行带点儿调侃的口吻说，"你将来准备做什么生意？看样子你好像已经胸有成竹了。"

吉列摇着头说："要做什么，我自己也不知道。但我相信我不会做一辈子的推销员。"

由这段话，我们可以看出吉列是个胸怀大志的人，这正是一个创业者需要拥有的不可缺少的重要因素之一。在做推销员的这段生涯中，吉列有一个独特的习惯，每到晚间休息时，他总是煮一壶咖啡，一个人坐在沙发上，一面喝，一面沉思。他经常对自己说："有一天，我一定要开创一番不平凡的事业！"

一次，在与一位顾客闲聊时，曙光出现了。那位顾客无意间对吉列说："嗯，如果能够发明一种用过就扔的小商品，那不就可以让顾客们不断来购买你的商品吗？"

"用过就扔？不断购买？"这句话立即激发了吉列的灵感。

从那天起，吉列天天思索着："什么样的东西必须用过就扔掉呢？"

作为一名有经验的推销员，他每次会见客户前，总要修饰打扮一番，这是一道必经的程序。有一天早上，吉列正在一家旅馆的房间里刮胡子，当他拿起刮胡刀时，却发现刀口不够锋利。当时的剃须刀是刀身和刀柄连在一起的，既笨重，又不锋利，刮脸费时费力，稍不留神还会刮破脸。由于刀身不能更换，要使剃须刀好使一些，只有频繁地磨刀。

正值出差的他当然不可能随身携带笨重的磨刀石，于是他只好信手取过一块牛皮，轻轻地在上面来回磨，可是刀口仍然不见锋利，无奈之下，他只好凑合着用。

然而，不锋利的刀子可把吉列给整惨了，不仅胡子无法清除干净，还把他疼得哇哇叫，好不容易刮完了胡子，却在脸上留下了好几道伤痕。

 知识万花筒

推销员：指推销商品的职业人士，第一线前线职员，有如战场上的兵，功能是速销产品及服务等。现代推销既是一项复杂的工程技术，又是一种技巧性很高的艺术。推销员从寻找顾客开始，直至达成交易获取定单，不仅要周密计划、细致安排，而且要与顾客进行重重的心理交锋。

胸有成竹：原意指画竹子前要在心里有一幅竹子的形象。后来比喻人们在办什么事情以前，早就打好了主意，心里有个准谱儿了。出自宋代苏轼《文与可画筼筜谷偃竹记》："故画竹，必先得成竹于胸中。"

他感到非常生气，愤愤不平地想着："难道世界上就没有比这个更好用的刮胡刀吗？怎么没有人发明一些不必磨就锋利无比的刀子呢？"

就在这时，他突然眼睛一亮："咦！这不正是'用完即扔'的最佳商品吗？我要研究一种既不会割破脸又不用磨的刮胡刀！"

一回到家，吉列便辞去工作，潜心研究薄钢刀片等刮胡用具，最后设计出一款像耙子似的"T"形简易刮胡刀。就这样，安全又方便的吉列刮胡刀诞生了。

1901年，吉列和合伙人一起，成立了美国安全刮胡刀公司（后来改名为吉列安全刮胡刀公司）。经过他拥有多年推销员经验的市场营销，生意还不错。

但是吉列并没有就此满足，他相信自己还可以创造更多的财富。

"一战"的爆发给吉列刀片带来了极大的机遇。一次偶然的机会，吉列从报纸刊登的新闻照片上看见一位大胡子士兵在前线的照片。于是，他灵机一动，以成本价格向军需品采购部门供应安全剃须刀，美其名曰："优待前方将士"，此举立即受到了生活艰苦的大兵们的欢迎。于是，吉列的安全剃须刀堂而皇之地进入了每一个士兵的背包里。这项举措不仅大规模地增加了公司产品的销售量，更重要的是培育了固定和潜在的消费群体。

果然，战争结束后，几十万名复员的盟军士兵带着吉列刀架和刀片，分散到世界各地，并对其进行大力宣传，产生了强大的广告效果。

1917年，吉列公司共销售了1.3亿只安全剃须刀刀片，是公司初创那一年销售额的近80万倍，市场占有率达到80%，有44家海外分公司，"吉列"刀片从此名扬四海。吉列按照他的预期计划，建立了一个世界性的"剃刀王国"。

1931年，77岁的吉列因病逝世，但他的事业依然由他的继承者们继续拓展着，他不断创新的精神也被他们继承着。这时，他的资产已经达到6000万美元，分公司已开到欧洲大部分国家和地区。他的继承者按照吉列在世时的方针：把业务拓展的目标瞄准全世界每一个有男人的角落。吉列刀片到现在仍是许多男人必备的刮胡用具。据估计，现在全世界大约有2亿男人使用吉列刀片刮胡子。吉列刀片从全球男人的脸上，刮出了源源不断的钞票。

由此可见，想要致富首先应具有致富的信念，相信自己一定能成功。《福布斯》上的富豪们也均是具有这样坚定的信念的人。

让我们看看拿破仑·希尔告诉我们的话吧："我们怎样对待生活，生活就怎样对待我们。"我们在一项任务中刚开始的心态决定了最后能获得多大的成功，这比任何其他的因素都重要。记住这一点，我们就有了成为亿万富豪的条件。

"人人都能成为亿万富豪"并非虚妄之言，因为只有在我们的信念指引之下，我们的潜能才能超常发挥。我们才会做出一些一般人做不到的事，追求财富的道路也将变得更宽广，我们将在不知不觉中攀上财富的巅峰。

美国联合保险公司董事长克里蒙特·史东说："真正的成功秘诀是'肯定人生'四个字，如果你能以坚定而乐观的态度，去面对一切困难险阻，那么，你一定能从其中得到好处。"

人生是自己创造的，如果我们愿意用意志去掌握命运，那么绝对可以主宰自己的人生。相信自己是富翁，相信自己绝对能成为富翁，利用自我暗示，可以帮助自己寻找适合的目标，并让我们在改变自己的同时，激发自己的潜能。

唯有相信自己拥有无限可能，我们才能真正地超越自己，看见成功的未来。只要我们相信自己能行，就一定无所不能！

 知识万花筒

一战：指第一次世界大战。发生在1914年8月至1918年11月期间。这是一场主要发生在欧洲但波及到全世界的世界大战，当时世界上大多数国家都卷入了这场战争，是欧洲历史上破坏性最强的战争之一。中国于1917年8月14日对德、奥宣战。

 人物博览馆

拿破仑·希尔：美国人，全世界最早的现代成功学大师和励志书籍作家。他的成功学著作有《成功规律》《人人都能成功》《思考致富》等，这些作品被译成26种文字，在34个国家和地区出版发行，畅销8000多万册，是所有追求成功者必读的教科书。

第11天／段永平
投资不只是有钱人的游戏

　　我们一说起投资，总是会想，那是有钱人的游戏，只有有钱人才有投资的能力。在还没有行动的时候，我们就先把自己给否定了。这种消极的思想，就是我们和那些成功企业家相区别的标志之一。

　　步步高的董事长段永平可以说是一个投资狂人。他曾说："投资不在乎失掉一个机会，而是千万不要抓错一个机会。"

　　事实上，投资并不需要我们有几十万、几百万，而是要善于抓住投资的每一个有利机会，利用我们的聪明智慧，找到可投资的项目。

　　2006年6月30日，曾经一手打造小霸王和步步高的企业家段永平以62.01万美元的天价，竞拍到与"股神"巴菲特一起共进午餐的机会。这个原本已从人们视线中逐渐"淡出"的企业家，再度以投资家的身份成了公众视线的焦点。被问及花巨资拍得与"老师"共进午餐的机会的原因，段永平表示，他想当面向巴菲特请教一些困扰他多年的投资问题。"我对他过去投资经历中的一些细节，也很感兴趣。"

　　段永平1961年3月出生于江西南昌。1983年，他从浙江大学无线电系毕业后，被分配到北京电子管厂，后考取中国人民大学经济系的研究生。

　　1989年，28岁的段永平在中国人民大学获得计量经济学硕士学位后，南下

广东。次年，他到中山市怡华集团下属的日华电子厂（即小霸王公司的前身）任厂长，该厂主要生产家用电视游戏机。3年之后，他将这家亏损200万元的小厂做成了10亿年产值的大企业，由此正式把这家公司命名为中山霸王电子工业公司。

1995年，他另立门户，在东莞创立步步高电子有限公司，任董事长兼总经理。经过近20年的发展，步步高现已在中国的DVD、无绳电话、电子词典等领域跻身第一集团军。

段永平最早的投资是搜狐、新浪、网易等中国IT概念股。随后，它们的股价一路飙升，段永平的身家也随之水涨船高。他2003年以10亿元财富在胡润《中国百富榜》中排名第83位。

人物博览馆

段永平：著名投资人，1961年出生于江西南昌，现任步步高集团董事长。段永平曾以创立"小霸王"和"步步高"两个知名品牌而闻名全国。

知识万花筒

新浪：是一家服务于中国及全球华人社群的领先在线媒体及增值资讯服务提供商，1998年由有"中国网络之王"之称的王志东创办。

"投资其实很简单，但简单不等于容易。"段永平说，"买一只股票，就是买一个企业的现在与未来。你必须看懂企业，看中好的企业，等它的价值被低估时买入。"

2001年底，段永平开始以0.8美元"吃"进网易股票。2003年10月14日，网易股价飙升到70美元，段永平持有的股票在一年多里涨了50倍以上，华尔街的华人投资圈有人暗中送他"段菲特"的称号。

段永平认为："其一，投机和投资的很大区别是：你是在动用大笔钱还是小笔钱；其二，当股价下跌时，投机和投资的态度正好相反，投资者看到股价下跌，往往很开心，因为还有机会可以买到更便宜的东西，而投机者想的是这公司肯定是出什么事情了，赶紧走人。"

"什么是投资？最基本的，买一只股票就是买一个公司，如果要买一个公司，你不了解它，如何买？当它的价格低于它的价值的时候，你才去买它，否则这就不叫投资，叫投机。"段永平抱着这样的投资理念，在网易股票跌到0.8美元的时候大量买入，而那个时候网易正面临一个较为严重的诉讼。

"我认真研究了网易，发现它股价在0.8美元的时候，公司还有每股2块多的现金。当然，那时网易正面临一个官司，也可能被摘牌，里面有些不确定性，这就需要多做一些咨询。最终结论是，后果不会很严重，因为他们的错误不是特别离谱。很重要的是，这家公司在运营上没有大问题。做足功课后，我基本上把我能动用的钱全部动用了，去买它的股票。"

不过，投资的时候，你也不要心急，俗话说：心急吃不了热豆腐，或者说，欲速则不达。你要把金钱调整到一个可以控制的范围内，以适当的速度平稳发展。

另外一个关键是，投资要靠理性。段永平说，当你投资的对象价值大于价格时出手，这不叫大胆，而是理性。

"投资就是找到一个最好的公司，然后把你的钱投进去。既然你认为这家公司最好，不把钱投到这样的公司里，而把钱投到不好的公司里，在逻辑上就是错乱的。"段永平说。

在段永平投资万科的时候，他在之前就对万科有些了解，觉得这家公司不错。后来，他在与王石聊天时说："你不用紧张，我不会问你这个季度业绩怎么样，我只跟你聊天。"后来，他们聊公司治理、企业文化，从这些信息来看这家公司的投资价值。

其实，即使是再成功的投资者也会有马失前蹄的时候，而减少风险、善于化解风险就很有必要。

在投资之前，我们就要有足够的心理准备，因为，风险造成的损失有时可能会是灾难性的，有可能让我们血本无归。

因此，在刚开始投资的时候，我们就要清楚地认识到投资是一件需要忍耐的长期活动，不要想一下子就能看到收益。

要控制风险、保存实力。控制风险最好的方法就是分散投资，绝"不把鸡蛋放在一个篮子里"，也就是说，投资不应该走华山一条道，脚踏数只船很有必要，这样才能在严冬中，依然保有资本，不会一下子失去所有的投资筹码。

我们要知道，学校的知识并不能给予我们面对生活的全部技能，尤其是理财方面。如果没有建立正确的金钱观和理财观，那么报酬再优厚的职业，也不能让我们获得财务自由。

我们要了解钱的运动规律并运用这些规律。任何事物只要遵循着正确的运行规律来做，它就会给我们带来丰厚的回报。

 人物博览馆

王石：企业家，1951年1月，王石出生于广西壮族自治区柳州市，是深圳万科企业股份有限公司创始人，现任公司董事长。王石著有《道路与梦想：我与万科20年》《让灵魂跟上脚步》《徘徊的灵魂》《灵魂的台阶》《王石说：影响我人生的进与退》等作品。

 知识万花筒

华山：位于陕西省西安市以东120公里处的历史文化故地渭南市的华阴市境内，海拔2154.9米，是我国著名的五岳之一。华山山势峻峭，壁立千仞，以险峻称雄于世，自古以来就有"华山天下险""奇险天下第一山"的说法。

第12天／郑大清

让金钱为我们工作

我们是要做金钱的奴隶呢，还是要做金钱的主人？

其实这是一个很简单的问题，而事实上，在现实生活中，却有很多人做了金钱的奴隶。在金钱的诱惑和驱使下，这些人生活得很是糟糕，甚至还会做出一些偏离正常轨道的事情。

一个优秀的企业家，往往也是一个金钱的掌控者，他不仅能将金钱玩弄于股掌之间，更可以让金钱为他而工作，创造出更多的财富。

如果想成为金钱的主人，那么我们除了要有足够的理财技能外，更重要的是要让钱为我们工作，而不是我们为钱去工作。

有些人可能会认为：理财是富人或有钱人的事，等自己有了几万块钱再说。而事实上，这种观念是十分错误的。我们要知道，善于理财的人应该从小做起、从早做起。

新疆天地集团的董事长郑大清，就是靠"生钱运动"利滚利的方法使他的身家达到20亿的。

郑大清是四川仪陇县人，在2003年底的"四川省十大杰出创业之星、第五届创业之星表彰大会"上，当选为2003年四川省"十大创业之星"。

也许有人不会想到，这个其貌不扬的人在18年前还只是一个从贫穷农村出来的打工仔。

不过，出身贫寒并不能阻挡他向成为优秀企业家的道路迈进，他取得成功的秘诀就是掌控金钱并使它为自己带来更大的利润。

郑大清在1985年，也就是他26岁那年，揣着从亲朋好友那里借来的70元钱踏上了开往乌鲁木齐的火车，开始了他神奇的创业征程。

第一次来乌鲁木齐，他满脸迷茫。因为他不知道在这片美丽的土地上能不能实现自己的梦想！

当时，他全部的家当只剩下1块2毛钱和一床在部队用过的旧被子。

不过，庆幸的是，他在乌鲁木齐有打工的老乡，由于他懂得一些建筑知识，因此，在老乡的介绍下，他当上了建筑工地的班长，一天的报酬是5元。

经过一年的辛苦劳动，年终的时候，郑大清发现这一年下来竟挣了将近2000元。现在看来，2000元虽然显得少，但是在当时的条件下，这却无疑是个让人羡慕的数目。

1986年4月，郑大清觉得，如果老是这样给别人干，自己永远没有出头之日。因此，他思来想去，决定自己单干。

于是，他从老家又带来了40多个农民工，从别人手中转包来一个小工程。本想着这次可以赚一把的，但是，让他没想到的是，就在他们交工后，那个可恶的老板竟然卷着钱跑了，他一分钱都没有拿到。

年底的时候，郑大清没钱回家。这时，他的一位朋友给了他5元钱，他一天只能吃一顿饭，根本吃不饱，这样的日子过了足足有10天。

窘迫的境况极大地刺激了郑大清的自尊心。他决定，这种情况以后绝不能再发生在自己身上了，他暗暗发誓一定要混出个人样儿来。

1987年3月，郑大清终于迎来了自己的"春天"。他和新疆制胶厂签订了13万元的厂房维修合同，当年8月，郑大清按时按质完成了全部工程，对方非常满意。

不仅如此，他们后来还给郑大清介绍了一些小工程，郑大清都按时按质地完成了。到年底清盘的时候，郑大清惊喜地发现：除去各种债务，自己竟然有了5万元的存款，这也让郑大清坚定了搞小工程的决心。

到1989年的时候，郑大清已经完全在乌鲁木齐站稳了脚跟，个人资产也超过了70万元。

1989年下半年，郑大清不满足于现状，他要把事业做大。在考察了乌鲁木齐的市场后，他决定进入流通领域和生产领域。也就是从这个时候起，他的"钱生钱"计划开始实施了。

他先是花了20万元在乌鲁木齐市中区租了一间大型地下室，然后，把它装修成商场后转租给他人。他算了一下，这样的形式每年让他净赚5万元。与此同时，他还在乌鲁木齐郊区开了两家煤矿。

刚开始的两年里，煤矿和商场为郑大清带来了滚滚财源，但是，随着摊子的扩大，带给郑大清的是管理和决策上的大难题。随着时间的推移，经验不足、决策失误等问题接踵而来。1994年，两家煤矿相继倒闭，1995年初，商场也关闭了。

仿佛就在一夜之间，郑大清从一个百万富翁变成了一个不但身无分文，而且还倒欠他人几十万债务的穷光蛋。

但是，郑大清没有被困难击倒。因为他相信，钱是很好赚的，只要自己不倒下，就有机会再成为百万富翁！

1995年夏天，郑大清经过仔细考察，用借来的100多万元创办了新疆天地实业贸易公司，他做的第一个项目就是服装商场。

这一次郑大清吸取经验教训，他没有再把商场租出去，而是把商场租下来自己经营。他新招来的100多个员工中85%都有大专以上学历，他对他们实行了严格的考核和激励制度。现代企业制度的建立让郑大清的服装商场蒸蒸日上，利润滚滚而来。

1998年，郑大清决定将赚来的钱再次投入"生钱运动"，他投资近2亿元建起了占地3万多平方米的"东方100商厦"。这次他的计划没有落空，1999年，东方大厦的营业额就达到1.7亿，到了2000年竟达到2.1亿。

随后，郑大清的事业步入了快速发展的轨道：酒店、农业、电讯、生产加工。2001年，他又进入了房地产行业。

新疆媒体曾在2003年举办的"2003新疆最具成长性企业"的评语中指出："新疆天地集团有限公司在短短3年间资产翻了1000倍"。因为取得了巨大的成功，郑大清还被选为乌鲁木齐市政协常委。

也许有人说，投资是有风险的。没错！可是，在现实生活中，做什么事又没有风险呢？只要我们敢于冒着风险去做自己认定是正确的事情，即使失败了，也会收获很多的东西。

在投资的时候，我们除了要懂得控制风险以外，还要有正确的心态，不能有从众心理和盲目心理，否则，只会随大流，没有自己的主见，就很容易陷入被动的境地。

当然，最主要的，还是要有正确的金钱观。抛弃那种"工作为挣钱"的思路，这种观念有如绊脚石，只会阻碍我们向优秀企业家迈进；而是要有"钱要为我工作"的积极观念，要做金钱的主控者，在生活中留意各种赚钱的机会，永远让金钱围着自己转！

知识万花筒

蒸蒸日上：形容发展速度快，多指生活和生意。蒸蒸，一天天地向上发展。出自清代李宝嘉的《官场现形记》："你世兄又是盘盘大才，调度有方，还怕不蒸蒸日上吗？"

政协：全称中国人民政治协商会议，是中国共产党领导的多党合作和政治协商的重要机构。中国人民政治协商会议，是在新中国成立前夕，由中国共产党和各民主党派、无党派民主人士、各人民团体、各界爱国人士共同创立的。中国人民政治协商会议根据中国共产党同各民主党派和无党派人士"长期共存，互相监督，肝胆相照，荣辱与共"的方针，对国家的大政方针和群众生活的重要问题进行政治协商，并通过建议和批评发挥民主监督作用。

试着这样做

在这个物欲横流的社会，越来越多的青少年开始崇尚财富，一心希望长大后成为企业家，赚取更多的钱。但赚钱需要一个好的心态，那么怎样才算好的心态呢？

1.要有长远的眼光，学会坚持和放弃

养成果断行事的习惯，既然拿定了主意，就不要轻易改变，不要给自己留有后退的余地，一定要相信自己的判断力。

不要被眼前的利益所迷惑，不管是金钱还是权势，该放弃时就要放弃，忍一时之利，也许会赢得更长远的利益。

2.相信自己的能力

不要总想着自己不如别人。事实上，人的脑子用得越多、越勤，就越灵敏、聪明，效率也就越高。重要的是，聪明才智的应用比拥有更重要。

人的自信是一种内在的东西，需要自己来把握和证实。因此，在建立自信的过程中，一定要学会自我激励。

3.树立正确的金钱观

生活中花钱一定要有节制，什么钱该花，什么钱不该花，心里要有数。有些青少年花钱大手大脚，这是一个坏毛病。所以，从小要树立以节俭为荣、以铺张浪费为耻的观念。

4.不要太看重金钱

我们确实需要钱，需要赚大钱，但我们心中要有一个明确的意识，那就是让金钱为我们工作，而不是让自己成为金钱的奴隶。绝对不能为了钱，而出卖自己的尊严，这种人即便有很多的钱，也会让人瞧不起。

一个人有一个好的赚钱心态，才会朝成功的方向迈进。

年　月　日

正如英国哲学家培根所说："金钱好比肥料，如不撒入田中，本身并无用处。"金钱很重要，懂的运用金钱更重要。只有读懂了金钱的语言，它才能为我们所用，我们也才能够真正拥有财富。

那么，我们不妨看看下面几位成功的企业家是怎样与金钱对话的。

第13天／李维·斯特劳斯
换条路寻找财富

用与常人不一样的思维来思考问题，有时候会给我们带来意想不到的惊喜。

在现实生活中，我们常常因为学校的教育而形成思维定势，思想放不开，甚至有时候会死钻牛角尖。如果想成为一名优秀的企业家，这样的思考方式是要不得的，它只会阻碍我们的思考，把我们引入一个思维的怪圈，难以挣脱；而如果我们敢于打破一些固有的观念，换个角度去思考，往往会有意想不到的收获。

世界上第一个发明牛仔裤的人李维·斯特劳斯之所

人物博览馆

李维·斯特劳斯：1829年出生于德国，牛仔裤的发明者，创立了著名品牌"Levi's"，被誉为"牛仔裤大王"。

以能有非凡的成就，就是得益于他能用打破常规的思维方式去思考，从而发现了别人没有发现的机会，并一举成功。

李维是世界著名品牌Levi's的创始人。1979年，李维公司在美国国内总销售额达到13.39亿美元，国外销售盈利超过20亿美元，雄居"世界10大企业"之列，他由此成为最富有的牛仔裤大王。

1829年，李维·斯特劳斯出生于德国的一个小职员的家庭，是德籍犹太人。1850年，在美国掀起了一阵淘金热，想一夜暴富的人如潮水般涌向了美国西部的金矿。因犹太人天生不安分的个性，20多岁的李维心中也在蠢蠢欲动，渴望冒险的他想通过自己的劳动和运气赌一把，于是加入到了浩浩荡荡的淘金人流之中。

经过漫长的路途后，李维来到了旧金山，当他看到曾经荒凉的西部现在到处都是淘金的人群时，才发现自己的莽撞。这么多人像潮水般涌到这里来，能实现发财梦吗？这种地方难道就能诞生出百万富翁吗？李维可不想把大把的青春就这样挥霍在无望的等待中。此时的他，陷入深深的思考之中。

由于淘金者众多，基本上都待在一个地方，住在帐篷里，离市中心很远，买东西十分不方便。李维看到那些淘金者为了买一点日用品不得不跑很远的路，而且自己也深有体会，于是，他决定了，不再做那个遥不可及的金子梦，而是要改变致富的思维，做与淘金毫不沾边的事——开一家日用品小店。他不再把致富压在淘金上，而是要从淘金人身上开始自己新的梦想。

果然，不出李维所料，他的小店生意非常不错，来光顾的淘金者络绎不绝。很快，李维不仅把成本赚了回来，而且还获得不少的利润。

有一天，他又乘船外出采购了许多日用百货和一大批搭帐篷、马车篷用的帆布。由于船上旅客很多，那些日用百货没等下船就被人们抢购一空，但帆布却没人理会。到码头卸货后，他就开始高声叫喊推销帆布，由于淘金者们都已搭好了帐篷，谁也不会费钱费力再去搭第二个，眼看帆布要赔本了。

李维本来以为帐篷是人们的必需品，是每个淘金者都需要的，可是现在却无人问津，感到非常沮丧。

这时，一位淘金工人走过来，并注视着帆布。李维连忙高兴地迎上前去，热情地问道："您是不是想买些帆布搭帐篷？"那工人摇摇头说："我不需要再搭一个帐篷，我需要的是像帐篷一样坚硬耐磨的裤子，你有吗？""裤子？为什么？"李维惊奇地问道。那位淘金者告诉他，淘金的工作很艰苦，衣裤经常要与石头、砂土磨擦，棉布做的裤子不耐穿，几天就磨破了。"如果用这些厚厚的帆布做成裤子，肯定又结实又耐磨，说不定会大受欢迎呢！"淘金工人的这番话提醒了李维。他想，反正这些帆布也卖不出去，何不试一试做裤子呢？

于是，他灵机一动，用带来的厚帆布效仿美国西部的一位牧工杰恩所特制的一条式样新奇而又特别结实耐用的棕色工作裤制作成裤子后，向矿工们出售。

1853年，第一条日后被称为"牛仔裤"的帆布工装裤在李维手中诞生了，当时它被工人们叫作"李维氏工装裤"。

因牛仔裤坚固、耐久、穿着合适，在西部牛仔和淘金者中一时大受欢迎，大量的订单纷至沓来。李维关闭了日用品店，决定专心做牛仔裤的生意。

1853年，李维正式成立了自己的牛仔裤公司，开始了经营这个著名品牌的漫漫长路。

公司开张后，产品十分畅销，但李维却对帆布做的裤子很不满意。帆布虽然结实耐磨，但是却又厚又硬，不但穿着不舒服，而且也无法像那些软的布料一样设计出各种美观合身的款式，只能做成又肥又大、式样单调

知识万花筒

犹太人：起源于阿拉伯半岛的游牧民族，属于闪米特人的一支，其祖先为希伯来人，主要信仰犹太教。以色列的《回归法》界定犹太人的身份是按照母系相传为标准，凡是母亲是犹太人的，其子女都会被以色列承认为犹太人，有权移民以色列。现在，犹太人广泛分布于世界各地。

淘金热：指19世纪中叶，美国移民萨特在加利福尼亚的萨克拉门托附近发现了金矿，冒险商人布兰那把这一消息迅速扩散到了全世界，成千上万的淘金者涌入这里。这一现象对美国18～19世纪的经济开发、农业扩张、交通革命、工商业发展都具有重要意义。

的裤子。

后来，他开始搜集各种资料，寻找新的面料。终于有一天，他在欧洲市场上发现了一种蓝白相间的斜纹粗棉布，兼具结实和柔软的优点。

李维看了样布，便当机立断决定从法国进口这种名为"尼姆靛蓝斜纹棉哔叽"的面料，专门用于制作工装裤。结果，用这种新式面料制作出来的裤子，既结实又柔软，样式美观，穿着舒适，再次受到淘金工人们的欢迎。

换用新的布料，在牛仔裤发展史上具有重要意义。此后，这种用靛蓝色斜纹棉哔叽做成的工装裤在美国西部的淘金工和牛仔中间就流传开来，靛蓝色也成为李维氏工装裤的标准颜色。

虽然初步获得了成功，但李维并不就此满足，他还在继续寻找机会，对牛仔裤进行改进。他接受裁缝雅各布的建议，为工装裤全部加上黄铜铆钉，并申请了专利。由此，传统的牛仔裤就定型了。

1872年，李维·斯特劳斯在基本定型的牛仔裤的基础上申请了牛仔裤的生产专利。

尽管取得了如此巨大的成就，但李维依然很勤奋，无时无刻不以追求事业的成功为最高目标。他多次深入矿区，仔细观察淘金工人的劳动特点，根据亲自观察到的第一手资料不断改进牛仔裤的面料和款式，希望它能在更多的人群中流行。

此后，由于耐穿、方便和式样美观、别致，李维氏工装裤不再是淘金工人的专用服饰，而成为美国社会中受到大众欢迎的一种时髦服装。

在1976年美国200年国庆之际，美国人将牛仔裤作为美国人对人类服饰文化的贡献送进了迈阿密的国家博物馆，载入美国史册。

在今天，牛仔裤已经成为既可以表现各个年龄层性感的服装，同时也是可以在任何时候穿着它都不会有落伍感觉的"时装"。而在全世界所有的牛仔裤品牌当中，Levi's是最老的百年常青之树。

李维的成功很重要的一个原因就是能打破常规，做与别人不一样的事情。淘金虽然可能一夜致富，但是却需要付出很大的代价。而且，如蚂蚁般的人涌在一起做着同一件事，致富的希望非常渺茫。而李维却不随大流，敢于想别人不曾想和不曾做的事情，从而为他后来的成功找到了方向。

如果我们注意那些在事业上取得重大成就的企业家，就会发现他们中有许多人就是因为突破了常规的思维方式从而找到了正确的创业方向，并最终一举成功的。

这对正踌躇满志的我们，是不是一种启发呢？

牛仔：指在美洲牧场上照顾牛、马的人。他们的工作任务主要是放牧、交易牛群、维修栅栏、管理牧场设备等，工作相当辛苦。游牧生活决定了牛仔在穿着上的与众不同，他们总是头戴毡帽、脚蹬马靴、腰挂匕首和短枪，非常注重实用性。

迈阿密：位于美国佛罗里达州东南角比斯坎湾、佛罗里达大沼泽地和大西洋之间，是该州仅次于杰克逊维尔的第二大城市。迈阿密是南佛罗里达州都市圈中最大的城市，这个都市圈由迈阿密－戴德县、布劳沃德县和棕榈滩县组成，人口超过559万人，是美国东南部最大的都市圈，也是全美第四大都市圈，拥有"美洲的首都"之称。

第14天／安德鲁·卡耐基

钱愿意追随勤奋的脚步

　　毫无疑问，世界上每个人的出生都是由不得自己的，但能否取得事业上的成功却是掌握在我们自己手中的。虽然有一些人出生于富裕的家庭，但未必会有什么作为；而另一些出生于贫苦家庭的人，却有可能凭着自己的勤奋努力成为一名优秀的企业家、一个对社会做出巨大贡献的人。

　　其实，不论我们现在生活的条件如何，都要相信：只要勤奋努力，心里有自己的目标，然后，一步一个脚印地往前走，同时留意身边的任何一个机遇，终有一天，我们会成长为一位优秀的企业家，达成心中的愿望。

　　"钢铁大王"卡耐基曾这样忠告那些出身于贫寒家庭却想创业的年轻人："一个年轻人所能继承到的最丰厚的遗产，莫过于出生于贫贱之家"。

　　1835年11月25日，卡耐基出生于苏格兰古都丹弗姆林。他的父亲主要以手工纺织亚麻格子布为生，母亲以缝鞋为副业。卡耐基的家里虽然穷，但是，他的父母却都为人正直，对人和善，始终充满着乐观积极的精神。卡耐基生于这样一个虽不富裕但却有着良好家教的家庭无疑是一种幸运，他从小就受父母的影响，养成了勤奋、自立的好习惯。

　　在卡耐基13岁那年，他随家人来到美国东海岸的纽约港，后来又辗转来到匹兹堡。像所有的移民一样，他们的生活非常艰苦。

懂事的卡耐基每天白天都要出去替人做童工，晚上读夜校，十分辛苦。

14岁那年，卡耐基来到匹兹堡的大卫电报公司做信差。虽然他对于当地的路一点都不熟悉，但却向经理许下诺言，说自己一个星期就可以记熟全城的线路。他说到做到，私下几乎跑遍了全城，最终成为了公司最优秀的员工。

卡耐基不仅勤奋，而且也是一个非常细心的人。当年的匹兹堡不仅是美国的交通枢纽，更是物资集散中心和工业中心。电报作为当时最先进的通讯工具，在这座企业云集的城市里发挥着极其重要的作用。从某种程度上来说，卡耐基每天辛苦地往来于各个公司之间，俨然就像走进了一所"商业学校"。他慢慢地开始熟悉每一家公司的特点，同时了解着各个公司之间的经济关系及业务往来。4年左右的日积月累，他熟读了这无形的"商业百科全书"，这使他在日后的事业发展中受益匪浅。后来，卡耐基在回顾这段时期时，曾称之为"爬上人生阶梯的第一步"。

1853年，宾夕法尼亚州铁路公司西部管区主任斯考特看中了有着高超的电报技术的卡耐基，并且非常热情地聘他去做了私人电报员兼秘书，每月薪水为35美元。当时卡耐基已是一个18岁的小伙子了，他怀着强烈的上进心走进了这个更为广阔的世界。

在宾夕法尼亚州铁路公司的10余年中，卡耐基凭着自己的勤奋和认真做事的态度，在24岁的时候就升任为该公司西部管区主任，年薪涨到了1500美元。在公司，

 人物博览馆

卡耐基：全名安德鲁·卡耐基，美国"钢铁大王"。他白手起家创建卡耐基钢铁公司，且数十年保持世界最大钢铁厂的地位，几乎垄断了美国钢铁市场。而在功成名就后，他又将几乎全部的财富捐献给社会，成为美国人心目中的英雄和个人奋斗的楷模。

 知识万花筒

纽约港：美国最大的海港，世界最大海港之一。位于美国东北部哈得孙河河口，东临大西洋。纽约港每年平均有4000多艘船舶进出，吞吐量一直都在1亿吨以上，1980年达到1.6亿吨。

卡耐基留心每一个管理细节，逐步掌握了现代化大企业的管理技巧。这为他后来组织更为庞大的钢铁企业奠定了非常重要的基础。

同时，卡耐基凭着智慧抓住时机，也参与了一些投资，而且频频得手。慢慢积累的资财为他以后开办钢铁企业奠定了一定的经济基础。

卡耐基曾在带人修桥补路时，就常常思考能否用铁桥代替木桥。当时匹兹堡的钢铁公司虽然很多，但相对来说还只是处于起步阶段。1862年，卡耐基与几个朋友一起创立了建造铁桥的公司。1863年7月4日，南北战争的双方都开始使用军舰对抗，卡耐基从这里看到了机会，并得到启示：帆船时代已经过去了，钢铁时代即将到来。于是，他借着到欧洲旅行的机会，到伦敦考察了那里的钢铁研究所，并且果断地买下了道茨兄弟发明的一项钢铁专利，还买下了焦炭洗涤还原法的专利，他敏锐地意识到这两项专利一定会为自己带来源源不断的财富。

回到美国后，卡耐基鼓足干劲，决定要大干一场。

1865年4月，南北战争结束了，战争创造了大量的机会。此时的卡耐基虽然已经赚了一大笔钱，算是小有成就，但是，雄心勃勃的他仍不满足，他要抓住这个机遇自己创业，为自己的人生目标而努力。于是，很快，他便向宾夕法尼亚州铁路公司提出了辞呈。

他迅速把分散的资金聚集在一起，把以前自己入股的两家公司合并起来，成立了联合钢铁公司。当时，美国的钢铁生产经营极为分散，从采矿、炼铁，到最终制成铁轨、铁板等成品，中间需经过许多厂家。加上中间商在每个产销环节层层加码，致使最终产品的成本很高。卡耐基深知传统钢铁企业的这些弊病，他决心建立一个全新的，囊括供、产、销一体化的现代钢铁公司。

后来，勤奋的他又把联合钢铁公司更名为卡耐基钢铁公司，然后便开始大胆地引进最先进的生产技术和一流的人才，大刀阔斧改进生产管理模式，不断地改进钢铁生产技术，降低成本，使自己一次又一次走向成功。

到了19世纪末20世纪初，卡耐基钢铁公司已成为世界上最大的钢铁企业。

它拥有2万多员工以及世界上最先进的设备，它的年产量超过了英国全国的钢铁产量，它的年收益额达到4000万美元。

成名之后的卡耐基在一次接受新闻记者访问时说起了成功的秘诀："我之所以能成功，有两个基本因素：第一，我自幼出生在贫苦之家，小时候常常吃饱了这一顿，不知道下一顿的食物在哪里，我晚上常听见父母为了应付穷困而叹息。所以我从小就力求上进，决心长大之后要击败穷困。第二，凡事不论大小，都要认真地去做。我12岁时做过纺织工人，我努力地要把纱纺好。后来我又做过邮差，我尽量记住我那邮区里每户人家的姓名、住宅外貌，到后来我几乎与每一家都熟识了。努力把每一件小事情认真地做好，以后才有人敢把大事情放心地交给你。"

卡耐基告诉那些不太勤奋的年轻人：懒惰心理的危险，比懒惰手足的危险不知道要超过多少倍。而且医治懒惰的心理，比医治懒惰的手足还要难。

其实，勤奋也是一种习惯，是每一个成功的企业家所必备的精神。

勤奋会使我们赢得更多的机会，利用更多的时间做自己想做的事情。

不论是在学习中，还是在工作中，我们都要养成勤奋进取的习惯。不要被眼前的困难吓倒，我们要把所有的困难都当成是对自己的考验，而唯有那些经受得住考验的人才有可能成功。

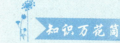

知识万花筒

匹兹堡：位于美国东海岸的宾夕法尼亚州，是宾州第二大城市，美国第21大都会区。传统上，匹兹堡是美国著名的工业城市，是美国钢铁工业的中心，有"世界钢铁之都"之称。

伦敦：英国首都，欧洲第一大城市及第一大港口。伦敦是英国的政治中心，也是一个多元化的大都市，居民来自世界各地，种族、宗教和文化都非常多样化。伦敦是世界闻名的旅游胜地，著名的旅游景点有白金汉宫、威斯敏斯特教堂、伦敦塔、特拉法加广场、大英博物馆等。

年　月　日

第15天／埃玛·查普佩埃

学会掌控金钱的技能

韦伯说："只有当钱使人无所事事、沉溺于罪恶的人生享受时，它在道德上方是邪恶的；仅仅当人为了日后的穷奢极欲、高枕无忧的生活追逐财富时，它才是不正当的。"

既然拥有金钱并不是罪恶，那么，我们如何读懂金钱语言？更确切地说，金钱是靠什么聚拢在一些企业家的手中的呢？

第一位黑人副总裁、费城联合银行的创始人埃玛·查普佩埃，被费城人亲切地称为"人民的银行家"。

查普佩埃是个身材高大的黑人妇女，精力旺盛、富有生气。除了父母外，对查普佩埃影响最大的莫过于她的牧师利昂·沙利文博士，他是费城基督教浸礼会的大主教，后来因把道德准则从布道坛带入商界而闻名。

查普佩埃在16岁快高中毕业时，由于不能马上进大学，所以打算找份工作。沙利文决定亲自对她进行能力倾向的测试。他发现查普佩埃在数学方面成绩突出，对她说："我知道有个工作适合你！"他是要她考虑去银行做事。在当时的费城，银行是很少有黑人能介入的领域。但是，经过沙利文的安排，查普佩埃顺利地进入了一家银行。

查普佩埃曾说："我从进银行的那一刻起，便喜欢上了银行里的一切。"

查普佩埃对钱有着非常浓厚的兴趣，她非常喜欢数钱，喜欢跟钱打交道，喜欢观看人们从出纳员手中接过钱时脸上的表情。更为重要的是，她喜欢金钱的行善能力，她曾说："掌握着金钱并以此来帮助人们获得更多的金钱，还有比这更快乐的吗？"

不久，查普佩埃就做了出纳员，她说："在我提升的过程中，每个工作都让我有机会看到金钱是如何影响人们的生活的。"

1975年，查普佩埃被任命为小企业管理部门的联络人。为了使手里的金钱能发挥出最大价值，另一方面也是为了帮助一些人，她便把约3000万美元的贷款贷给了少数种族所属的企业和妇女开办的企业。

1977年，34岁的查普佩埃成为了大陆银行历史上首位黑人副总裁，并且是费城金融界担任副总裁的第一位妇女。此时的查普佩埃开始梦想有一天创建一家属于自己的银行，一家致力于满足少数种族需求的银行，因为她觉得，那样才能使钱变得更加有价值，可以帮助更多的人。

1983年，杰克逊请查普佩埃做他总统竞选的财务主管。她觉得这是一个非常不错的机会，于是，便同意了。也就是通过这一次的经历，让查普佩埃再一次了解了金钱的创造性的力量：正是金钱使杰克逊竞选活动中的一切成为可能。

这段经历对查普佩埃来说是非常可贵的。1984年的竞选后，她还清了所有的竞选债务，并且帮助杰克逊建立了彩虹联盟。她说："我成为了彩虹联盟的第一任行政副总裁。同样，我去了每个城市以确保所有的账目和

人物博览馆

埃泓·查普佩埃：1943年出生，美国人，费城联合银行的创始人。她平易近人，深受费城人民爱戴，被称为"人民银行家"。

知识万花筒

浸礼会：又称浸信会，是基督新教主要宗派之一。17世纪上半叶产生于英国以及在荷兰的英国流亡者中。他们主张教徒成年后方可受洗，且受洗者须全身浸入水中，称为"浸礼"。

记录都正确无误。"

1987年，查普佩埃得出这样一个结论：只有银行业而不是政治才会让她为大多数人做更多好事，于是她回到了大陆银行担任副总裁。

不久，一些律师和投资银行家找到了查普佩埃，他们向她诉说了也想开办一家以少数种族为主要借贷对象的银行的想法，他们认为查普佩埃是启动这件事的最佳人选。然而，不幸的是，在1987年10月，市场突然崩溃了，资金也跟着枯竭了。因为害怕风险太大，再没有人愿意做任何的投资，更别提开银行了。

这样一来，从财政的角度说，她不但没有进展，更糟糕的是竟陷入了困境。

但是，查普佩埃没有被困难吓倒，而是继续同支持者和顾问们会晤。1989年，在律师的帮助下，她整理了一个股票宣传单。她到社区去发表演说："出售股票！"

为了筹到足够的钱，查普佩埃还组织大家进行制做糕饼义卖和擦洗汽车等活动。最终，她筹集了300万美元，但是这仍不够，她要筹集到500万美元才行。

她决定要继续下去，一定把另外的200万美元筹集到。后来经过观察，查普佩埃发现：许多小的社区银行都是由大银行投资开办的，大银行借此来实现它们自己的目的，比如达到"社区再投资法案"的要求。她开始去找银行家朋友，结果令人相当满意。她拿到的第一张10万美元的支票是她的老雇主大陆银行给的，其他的一些银行也捐助了相近的数额。

查普佩埃想到了一条新的策略：她可以在布道坛上向全体教徒直接筹集资金。

于是，查普佩埃成了金融福音的传递者。从1989年到1991年，她几乎走访了费城的所有教堂。

1991年12月31日是她的最后期限。州政府曾提醒过她，如果在这天之前她筹集不到500万美元，就得不到特许状。

这一天悄然逼近了，很多投资人在听说了她正面临的困境之后，纷纷解囊相助。最后，她筹集到了600万美元，比政府要求的整整多出了100万美元。

最终，银行业管理机构终于同意签署特许状。但是下一步得拿到联邦储蓄保险公司的保险，没有这个保险，银行一样办不成。可让她郁闷的是，保险就是迟迟办不下来。她在电话里说："我已经雇了人，我们的办公室也选好并装修好了，我们就等着开业了，如果你们不给我们上保险，我会告诉3000个股东，他们应该亲自到你们的办公室去拿他们的保险。"

果然，这一招还真管用，他们几乎用了联邦快递的速度来办这件事。

查普佩埃笑着说："我猜他们可能想象得出，如果3000个黑人都跑到他们的办公室去要保险，那会是什么样的情景。"

1992年3月23日，联合银行终于正式开业了，查普佩埃欣喜万分。她后来回忆说，杰克逊做了精彩的讲话，州长来了，爱德华·瑞德尔市长来了，市议会的议员来了，各界名流都来了。最后，来的还有银行的真正的荣誉嘉宾——那些用他们的金钱撑起了查普佩埃梦想的小投资者们。

从那以后，荣誉纷至沓来。她拥有了法律、民法和人文方面的荣誉学位。

从查普佩埃这位不平凡的黑人女性身上，我们应该能读懂金钱的语言了，知道如何聚拢属于自己的第一桶金。

金钱不会空穴来风，它更不听从懒惰者的使唤，它们如过江之鲫一样，喜欢和勤奋、智慧、有毅力、勇往直前的人交朋友，因为金钱知道，只有这样的人，才是它们的知音！

知识万花筒

费城：位于宾夕法尼亚州东南部，市区东起德拉瓦河，向西延伸到斯库基尔河以西，面积334平方公里，是美国最具历史意义的城市。在美国城市排名中，费城仅次于纽约、洛杉矶、芝加哥和休斯敦，位列美国第五大城市。

过江之鲫：比喻某种时兴的事物很多。后用来形容赶时髦的人很多，多含盲目跟风之意。东晋王朝在江南建立后，北方士族纷纷来江南投靠，当时有人感慨道："过江名士多于鲫"。成语由此而来。

第16天／李晓华
想办法先赚取第一桶金

　　说起第一桶金，很多人都会感觉非常具有诱惑力，也颇为神秘。每一个企业家都有赚取第一桶金的经历，因为他们所处的条件和环境的不同，其赚取的过程也是千差万别。

　　如何赚取第一桶金，是每一个想有作为的年轻人都在考虑的问题。不管我们现在是在学校，还是已经走上了社会，他们的经历也许会对我们有所启发。

　　曾被称为北京"首富"、被美国《时代周刊》评为最有成就的企业家的李晓华，是国内第一个拥有法拉利轿车的人，也是第一个同时荣获联合国颁发的"科学与和平奖"及"和平使者奖"两个奖项的中国人，并有一个小行星以他的名字命名。

　　李晓华1951年出生于北京一个工人家庭，1968年初中毕业后，年仅17岁的他随着知识青年上山下乡的浩大洪流，参加了黑龙江生产建设兵团，奔赴北大荒。这一待就是8年，他把自己大把的青春年华都献给了北大荒。

　　在北大荒的8年中，李晓华吃了许多苦。他当过拖拉机手、锅炉工、炊事员，喂过猪、伐过木、开过荒，正是这种磨难炼就了他刚强勤奋的性格，为他以后在事业上的成功奠定了基础。

　　1978年回城后，李晓华在一家科研单位烧锅炉。烧锅炉是季节性工作，冬天一过就没活儿了。1979年，他终于找到了一份稳定的工作，在北京经贸部一个下属单位做食堂炊事员。有一回，他正在揉馒头，忽然莫名其妙地说："我这人长于谈判，适合经商。"周围的人都笑话他。李晓华成功之后，曾故地重游，看到那些昔日的工友们仍在揉馒头，他感慨万千。

经过几年的努力，李晓华终于小有积蓄。

但他不满足于小打小闹，于是，1981年南下广州寻求商机。

那一次的南行，眼光独到的他正是抓住了别人没有看到的机会而赚得了第一桶金。

李晓华第一次到广州进货，正值T恤衫、变色眼镜走俏，虽然利润丰厚，但他并未为之所动。他来到广州商品交易会陈列馆，站在一台从美国进口的冷饮机面前凝视了许久。

那是一台在北京见所未见、闻所未闻的喷泉果汁制冷机。一个直径约半米的透明玻璃大罐子下宽上窄，里边橙黄色的果汁，从外面看去，颇为赏心悦目。那些鲜嫩的汁液如精灵般在玻璃壁上滑落下来，在炎热的夏天，光是看着心里就有种清凉的感觉。如果从一旁的开口处接一杯尝一尝，又凉又甜，一定沁人心脾。

李晓华蹲在饮水机前，出神地看着，脑海里浮现出了北戴河夏日沙滩上如织的游人。他敏感地意识到，这一定是个巨大的商机。

他回过头问工作人员："小姐，冷饮机怎么买？"

服务员不太热情地说："没有货。"

人物博览馆

李晓华：1951年生于北京，现任香港华达投资集团董事局主席。李晓华的创业经历充满传奇，他成功后，积极参与慈善事业，被中国红十字基金会聘为名誉会长。

知识万花筒

北大荒：指位于黑龙江省北部三江平原、黑龙江沿河平原及嫩江流域的广大荒芜地区。新中国成立后，政府有组织地对北大荒进行大规模开垦，经营农场。如今，北大荒已经变成了美丽富饶的北大仓。

后来，李晓华找到了经理，才把冷饮机买下。

当时正值最炎热的夏季，李晓华从广交会出来后，并没有直接回北京，而是把这台冷饮机运到了北戴河。他要在北戴河实现他富翁梦的第一步。

可是，到了北戴河之后，麻烦便出现了，因为光办营业手续就需要一个多月的时间，这对赚钱心切的李晓华来说是不可忍受的。他思来想去，忽然灵机一动，便找到沙滩上一家卖冰棍和食品的小商店，对店主说："我借用你的场地，卖来的钱我们各分一半。"店主一听不用自己投资一分钱就能有钱赚，自是欣喜万分，他想都没想就欣然同意了。

李晓华把冷饮机支在沙滩上，便开始忙碌了起来。

出乎意料的是，由于天气炎热，在不到半个小时的时间里，游人们就开始冒着汗排队买水，火爆的场面成了当时北戴河的一景。

那台如变魔术般的冷饮机，源源不断地吐着冷饮，他的手里在不停地收着钞票。由于他收来的钱都是毛票，所以，每天晚上李晓华就雇两个人帮他数钱，一直数到半夜。在北戴河短短两个半月时间里，李晓华足足赚了10多万元！

敏锐的李晓华又一次感悟到，改革开放给经济带来了进步，物质生活的改善必然唤醒人们对精神生活的追求。看腻了样板戏的中国人，渴望着多姿多彩的文化娱乐，这正给商务活动提供了一个极好的机会。于是，在第二年春天，他利用冷饮机生意赚下的钱购买了一台大屏幕投影机，在离他家不远的地方开了一家放映厅。

人们禁不住港台武打片和言情片的诱惑，纷纷去排队买录像门票，这形成了当地一大景观。

第一个星期，蜂拥而来的人们就把卖票的小屋给挤塌了，场面比当年卖冰水时还火爆。人们挤破脑袋也要进去看一看，1块钱一张的门票，有时被炒到10元……

那一个夏天，李晓华成为了当时北京乃至全中国罕见的百万富翁。

两三年之间，李晓华已经由一个小商贩摇身一变成为腰缠百万的"大款"了。冷饮机和录像厅生意的成功为李晓华完成了创业的原始积累。

成了大款之后，1985年一个偶然的机会，李晓华获得了到日本自费留学的机会。到日本后，他一边学习，一边到日本商社打工，留心学习日本的经营之道。

日本人生活水平高，注重个人形象，20世纪80年代中期，"101毛发再生精"成了日本市场的抢手货。李晓华拼尽全力争取到了日本市场的销售代理权。这一次，他赚了上千万。

1988年，华达国际投资集团公司在香港成立，李晓华出任董事局主席。上世纪80年代末，香港房地产业一蹶不振，楼市大跌。李晓华看准时机，大量低价收购楼花。半年之后，形势发生变化，香港楼价一路攀升，李晓华尽数抛出，买卖之间，跻身亿万富豪之列。

"要改变贫穷的命运，只有加倍努力。奋斗对于人的一生是非常重要的。这是我要告诉现在年轻人的忠言。"李晓华说。

在生活当中，对于大多数想创业的年轻人来说，大家有的是创业的热情和在学校里学到的一些书本知识，缺乏的是经验和资金，因此，起步不太容易。不过，任何事都是有解决的办法的。我们也不用太急于求成，而是要先调整好自己的心态，使自己在心理上尽快成熟起来，然后再看看自己的专业与社会的需要，并从中找到自己的定位。

另外，在平时的生活中应该培养自己对市场的敏感性，留心身边的机会，如果察觉到什么行业或商品能火，抓得住的话，就要果断地行动。

知识万花筒

北戴河：位于河北省秦皇岛市中心的西部，是秦皇岛的城市区之一。受海洋气候的影响，这里夏无酷暑，冬无严寒，气候宜人，自然环境优美。北戴河是中国规模较大、设施比较齐全的海滨避暑胜地。

样板戏：盛行于20世纪六七十年代的以戏剧为主的二十几个舞台艺术作品的统称。代表性作品有京剧《智取威虎山》《红灯记》《沙家浜》和芭蕾舞剧《红色娘子军》《白毛女》等剧目。

试着这样做

　　赚钱没有错，作为一名企业家来说，更应该赚钱。要赚钱，就要读懂金钱的语言，所以，必须：

　　1.无论什么时候我们都要以富人的心态来生活，要把现在的自己想象成成为一个优秀企业家时的样子，举手投足间都要展示出一种非常自信的风度。

　　要知道，一个优秀的人之所以优秀，是因为他有自信，只要我们自己在内心里认同了自己，没有人能够挫败我们。

　　2.心态永远要积极，即使遇到了最糟糕的事情。凡是那些优秀的企业家，都是有着积极心态的人，他们不管遇到了什么困难都能乐观地对待。

　　3.把勤奋当作习惯，它会帮助我们更快速地达成心中的愿望。人们都不太喜欢懒惰的人，而会对勤奋的人信赖有加。因此，我们的勤奋也更会得到别人的赞同与帮助。

　　4.多学习一些理财知识，并把它运用到现实生活中。我们不仅要知道怎么赚钱，还要知道如何花钱，那些会花钱的人往往会赚到更多的钱。

　　5.我们要相信：钱是会繁殖的。每一分钱都是一粒种子，只要辛勤灌溉和耕耘，到了一定的时候，必会有所收获。

年　月　日

跟我来阅读

阅读主题5：
方向错了，奔跑也没有用

　　有两只蚂蚁想翻越一堵墙，寻找墙那边的食物。一只蚂蚁来到墙角就毫不犹豫地向上爬，可是每当它爬到大半时，就会由于劳累、疲倦而跌落下来。但它不气馁，一次次跌下来，又迅速地调整一下自己，重新开始向上爬去。另一只蚂蚁观察了一下，决定绕过墙去。很快地，这只蚂蚁绕过墙来到食物前，开始享受起来，而另一只蚂蚁还在不停地跌落下去又重新开始。

　　找准方向，一切便迎刃而解——这就是这个故事带给我们的启示。企业家要想成功，也要找准方向。让我们来看看下面四位企业家是怎么通过找准方向迈向成功的。

第17天／王永民
确立财富奋斗方向

　　目标的确立对于一个想成为企业家的青少年来说具有很重要的意义，只有当我们有了明确的目标后，才能知道自己所付出的每一份努力、所达成的每一个小愿望与总的目标的距离，从而在心里有一个大体的把握，才能更进一步地努力去达成更长远、更伟大的目标。

　　如果没有明确的目标，有时候我们甚至都搞不清楚自己是在干什么、为什么要那样做，这样，我们的人生

 人物博览馆

　　王永民：教授级高级工程师。他用5年的时间研究并发明了"五笔字型"，提出"形码设计三原理"，首创"汉字字根周期表"，发明25键4码高效汉字输入法和字词兼容技术。现任北京王码电脑总公司总裁。

就会失去方向。

美国成功学的宗师拿破仑·希尔博士研究总结了数百位世界级成功人物的经验后，提炼出了17条成功原则，其中之一就是：要成功，必须有明确的目标。

成功激励大师陈安之最喜欢说的一句话是："成功等于目标，其他都是这句话的注解。不管你的目标是什么，只要你能够达成，这就是成功。"

"五笔字型"的发明人、现任北京王码电脑公司的总裁王永民，从小就有着明确的目标。这目标一直驱使着他一步步地前进，让他实现了个人价值，更为重要的是，他的"五笔字型"输入法的发明解决了汉字输入的难题，犹如在古老汉字和现代化电子计算机之间架起了一座畅通无阻的桥梁！他被誉为"当代的毕昇"。

现在，王永民在全国已拥有数十家分公司、两家海外公司、数以百计的代理商、数以千计的培训网点。他以"利国利民、走向世界"为目标，把"五笔字型"这项高科技成果更快、更大规模地转化为生产力。

王永民是一个农民的儿子，他的父母都是目不识丁的贫苦农民。从小就家境贫寒的他学了很多手艺，车洗刨磨都学会了，编筐窝篓学会了，编席子学会了，种菜学会了，种向日葵也学会了。同时，他还学会了诗书琴画，学会了刻字、刻图章，所以汉字在他脑海里是刻出来的，留给他有很深刻的印象。

1956年，王永民以优异的成绩，考上了全县最好的中学——南召一中。

6年以后，王永民不但数理化的成绩出类拔萃，而且在文学上也显露出才华。报考大学时，他第一志愿填的是中国科技大学，第二志愿填的仍然是中国科技大学。因为他痛苦地看到一个无情的事实，就是中国的科学技术落在了世界的后面。在毕业典礼上，品学兼优的王永民代表全体毕业生上台讲话，他大声疾呼："翻开我们学过的物理、化学课本，上面印的都是外国人的头像。我们中国人为什么不能有伟大的发明创造，把头像也印在课本上……"他的这句名言在全校广为流传，激发了不少校友燃起雄心壮志。但也有人把王永民称为："一个想把自己的脑袋印在书上的狂妄家伙！"

王永民以南阳地区第一名的成绩考入了中国科技大学。中国科技大学62级是人才辈出的年级，录取分数线居全国之首，而严济慈、华罗庚、钱学森、马大猷等著名科学家，都亲自给62级学生上过课。

王永民平时话不多，可学习劲头却非常足，每天都是十几个小时泡在书堆中，拼命汲取知识。夜里读书困的时候，他就揪自己的头发，以致他读过的书本中，都夹进了一根根黑发。每逢星期天，他就退掉两元钱的早餐票当车费，去北京图书馆，空着肚子苦读一天！假期中，他靠挖地基、抄卡片、做小工，换取菲薄的报酬，用来购置书籍文具……他读大学的6年间，家里一共只给他寄过10元钱！

可是，身体瘦弱、衣衫破旧的王永民，却十分引人注目，因为，在这个尖子班上，他的各科成绩常常夺魁。他暗暗立下志愿，要争取在30岁当上教授，成为一个对人类有贡献的人，让他这个中国人的头像也印到课本上！

然而，没有想到的是，毕业后他被派到辽宁海边的盐碱滩上学种水稻。后来虽然他又被分配到四川永川山沟里的一家研究所工作，却不幸染上了肝炎，又患上了肾结石，再加上水土不服，整整8年，他几乎都是在病床上度过的。

无可奈何之际，他调回了老家所在的河南南阳地区，在科委当了一名办事员。

1978年，南阳地区科委承担了省里的重点科研项目——汉字校对照排机的研制任务。当时王永民虽然在

知识万花筒

中国科技大学：1958年创建于北京，首任校长郭沫若。主校区现位于安徽合肥。中国科技大学是全国唯一一所由中国科学院直属管理的以前沿科学与高新技术为主，兼有特色管理与人文学科的全国重点大学。他的创办被称为"中国教育史和科学史上的一项重大事件"。

人物博览馆

严济慈：著名物理学家、教育家。1900年出生于浙江东阳，1927年获法国科学博士学位。他在压电晶体学、光谱学、地球物理学等方面都取得了卓越的成就，是中国现代物理学研究工作的创始人之一，也是中国光学研究和光学仪器研制工作的奠基人之一。

马大猷：物理学家、教育家、声学家。他是中国科学院电子学研究所和声学研究所创建者之一。1915年生于北京，1940年获美国哈佛大学硕哲学博士学位。他主要从事物理声学和建筑声学的研究，是中国现代声学的开创者和奠基人。

搞行政工作，但他敏锐地感觉到，一个以计算机的广泛应用为主要标志的信息时代已经到来，因此，他主动提出让他来承担这项高、精、尖的科研重任。在领导的支持下，王永民如愿以偿。

最初，王永民想找出一个现成的汉字编码方案，然后发挥自己在计算机硬件方面的优势，设计出一种新型键盘。可是这个方案难以实行。1980年，我国著名语言文字学家郑易里先生千里迢迢来到南阳，给了王永民许多有益的指导，并且把自己研究多年的188键汉字编码方案交给王永民试编验证。所谓188键，也就是说，必须要用有188个键位的键盘，才能打出需要的汉字。然而，西方文字用电脑键盘只需要用26个键！由于这个方案的键数过多，而出现的重码又多，所以最终无法实施。

有5000年中华文明的汉字，在电脑时代遇到了历史性的挑战。如果汉字无法进入26个键位的现代电子计算机，也就难以适应今天的信息社会，那么，中国人就必须寻找替代文字。有人说汉字有将被淘汰的危险，这并不是一句吓唬人的话。

王永民意识到，他所要解决的，远不止一个照排机的问题，而是悠久的中华文明能否通过时代的考验，继续发扬光大的问题！

他把解决这个难题当成历史赋予他的光荣使命！即使他不能完成这个使命，也要尽力为后人开辟出一条通道来。

汉字编码方案的研究工作，涉及语言文字学、计算机科学、工程心理学、信息科学等多种学科。王永民扎扎实实地对汉字做了系统的研究。他发现，一向被看作难学、难解、难写、难用的汉字，原来是既复杂又简单的，只要用横、竖、撇、捺、折五种基本笔画，就可以构成几万个单字；每一个汉字都是由一个个字根按一定的程序和位置拼合起来的。英文有26个字母，那么汉字又有多少基本字根呢？

王永民在字海中游泳，和助手们把《现代汉语词典》上的12000个汉字逐个分解，把每个字所包含的字根分别抄成卡片，分类统计，找出了600个字根。随后又从7000多个常用汉字中归并出300多个字根，最后优选成150个。这是国内外汉字编码研究中从来没有人做过的工作。可是，由于无法进入实用阶段，最终不得不放弃了。

王永民为了把键位减到最少，曾和4位年轻的助手挤在简陋的旅社里，拿资料箱当凳子，用床板、被子当桌子，将卡片之山推倒重砌。7000个常用字，3个编码，6个数字，一张一张摆开，一个一个校验。夜里，他们只好转移到公司的会议室里，气温降到零下14度，他们只好捂着被子取暖。经过连续100多个小时的拼搏，他们终于拿出了一个新的编码草案。

1983年，"五笔字型"汉字输入法经过验证，效能超过了台湾的"天龙"方案，也把美国、日本、香港的同行甩在了后面。

现在，"五笔"输入法已经相当普及，人们能够越来越方便地在电脑上敲出美丽的汉字。正因为王永民有着明确的目标，他才有了"当代毕昇"的称号。他的成功，对于我们来说非常具有启发意义。

世界著名的潜能激发大师安东尼·罗宾曾提出一条成功公式，其中第一步就是要知道你所追求的，也就是要有明确的目标；第二步是要知道该怎么去做，并且应立即采取最有可能达到目标的做法。

有了目标后，还要不断地对其修正、调整，直到实现心中的梦想为止。

人物博览馆

郑易里：农学家、科技情报专家。1906年生于云南省玉溪县。他是中国电脑汉字形码理论体系的奠基人，最早在国内开始汉字形码研究，对计算机在科技信息领域的应用起了先导和推动作用。

知识万花筒

《现代汉语词典》：中国首部权威的现代汉语规范型词典，由中国社会科学院语言研究所编纂，著名语言学家吕叔湘、丁声树曾先后主持工作，商务印书馆出版。该词典1956年由国家立项，1958年6月正式开编，1960年印出"试印本"征求意见，1965年印出"试用本"送审稿，1973年内部发行，1978年正式发行第一版，至2012年先后共发行六版。该词典曾获国家图书奖、国家辞书奖等，在海内外享有盛誉。

年   月   日

第18天／甄荣辉

无规划的目标近于空想

"事实上，成功一点都不难！最难的是：想成功，但没有计划！如果你有一个5年或者10年的成功目标，而且能够周密地计划，坚定地执行，那么，成功率应当是很高的。"前程无忧首席执行官甄荣辉如是说。

出生于香港一个普通平民家庭的甄荣辉就是凭着清晰的人生定位、严谨的职业发展路径设计和锲而不舍的努力与坚持，才一步一步实现人生目标的。

甄荣辉生于1962年。他的父母是从广东"移居"到香港的。当时的香港平均居住条件是11.3人住一个单元，他家的居住条件位于这个平均数以下。在一个100平方米的公寓里边，他们和另外七八家20多口人挤在一起。在这种高度拥挤状况下，做饭要排队，洗澡要排队，就连上厕所也要排队。这种环境让甄荣辉认识到：做任何事必须要把握好时间与效率。

甄荣辉小的时候，由于父母都忙于打工挣钱养家，没时间顾及他的功课，于是那个时候的他每天回家把书包一扔就坐在沙发上看电视，然后看到很晚才去睡觉，尽可能地睡，一天睡16个小时。

"每天到睡觉的时候我也会自责：'今天一天又什么活也没干！明天一定不能这样！'但是到了第二天，依然还是看电视、睡觉；睡觉、看电视……"这样懒惰导致的直接后果是他的成绩很差。1979年，他参加中学会考时，全香港30多家的预科学校竟然没有一家愿意要他。

对于一个毫无背景的平民家庭的孩子而言，如果上不了预科、上不了大学的话，前途是渺茫的。这个时候，他第一次开始考虑前途问题，并告诉自己：再苦再难也一定要考上大学。

甄荣辉对自己从前的表现非常后悔，他的意识开始觉醒，像变了一个人似的，开始发奋努力。后来，他在一所偏远的预科学校待了两年。这两年，他经过一番努力，最后以优异成绩考入了香港大学工程系。

1984年，甄荣辉大学毕业时，学校组织了一次就业辅导，由IBM的销售总监、香港电讯的总工程师来给学生讲课。

那时的甄荣辉想：如果我要成功的话，20年后我会是他们中的哪一位？

经过一番考虑后，甄荣辉觉得做销售工作会有更大的发展。因此，他进入惠普的营销部门，成为了一名销售工程师。

甄荣辉在惠普公司表现出色，3年后他就成为了公司的销售冠军。虽然惠普的薪水很高而且稳定，但是，甄荣辉并不满足。

"我分析自己的现状，觉得这么发展下去，只有两个选择。一种选择是改变自己，适应环境；还有一个就是改变环境。其实你会发现MBA是一个很好的换环境的踏脚石。你可以在高科技公司里做事，你也可以去做咨询管理顾问，或者去投资银行，还可以去消费品行业工作……学一个MBA可以给你好多路的。"甄荣辉决

知识万花筒

前程无忧：目前在中国占有领导地位的专业招聘网站，成立于1999年。网站目标有两大部分：一、致力于为积极进取的白领阶层和专业人士提供更好的职业发展机会。二、致力于为企业搜寻、招募到最优秀的人才。

人物博览馆

甄荣辉：前程无忧总裁。1989年，他加入贝恩伦敦办事处，之后回到亚洲建立香港及北京办事处，领导贝恩公司在中国的业务，成为在外资企业中颇负盛誉的市场策略专家。1999年，他成功创办前程无忧招聘网站。

定放弃惠普的工作去读MBA。

他放弃了惠普30万港元的年薪和稳定而轻松的工作，将全部的积蓄用作MBA学费，最终选择去欧洲念书。

就在他决定离开惠普时，他接受了一家周刊的专访。当记者问到他的人生目标时，甄荣辉说："我希望毕业20年以后成为一个企业高级管理人员。"那时，他25岁。

要去法国念书，必须会法语，可是甄荣辉当时没有任何法语基础，但是，经过3个月的突击强化学习后，他竟然通过了入学语言考试。

MBA毕业以后，甄荣辉面临着几种选择：一是回香港工作，二是留在国外工作，或者加入高科技企业，或者进入咨询管理公司。四个方向的工作他都有选择的机会，但是甄荣辉为了多见世面实现心中更远大的目标最终选择了贝恩国际策略顾问公司，在其英国办事处工作。

在贝恩公司，他凭着自己出众的分析推理能力，把工作重点放到了项目调查方面，收集了大量数据，进行调查分析，并从中找出许多从前别人没有看到的东西。最初，他的工作是咨询顾问，当他把事先经过大量调查分析后的资料提供给项目经理时，项目经理几乎惊呆了，因为很少有一个咨询顾问工作像他那样深入。慢慢地，所有贝恩英国公司的经理们都点名要求甄荣辉加入他们的队伍。正是由于这样的苦干加巧干，当该年贝恩英国要裁员1/3时，他一个华人却被留了下来。

加入贝恩两年多后，甄荣辉顺利地从咨询顾问升到经理。

1991年，他被总部派往香港着手建立香港办事处。由于业务发展迅速，很快，经他的策划，贝恩又在北京开设了办事处，并且由他出任贝恩中国总裁。

1994年，32岁的他在加入贝恩4年半后，成为贝恩公司历史上最年轻的副总裁以及最年轻的合伙人之一。

1998年，甄荣辉和他的创业伙伴成立了一家人力资源服务公司。

甄荣辉和《中国贸易报》合作，首先在北京推出了《中国贸易报前程招聘专版》。北京《前程招聘专版》的推出，获得了很大的成功，受到了企业以及求职者的普遍欢迎。受到北京市场的启发与鼓舞，甄荣辉和他的创业团队开始在全国复制北京模式。

1999年，互联网经济正在全球兴起，网络给甄荣辉带来了新的机遇。1999年1月，甄荣辉先在上海推出了careerpost.com网站，内容只能算是《前程招聘专版》的电子版，是对一些企业招聘信息的集纳。

1999年底，互联网经济开始膨胀，风险投资成了最热门的话题。甄荣辉想借此良机把网站做大，决定引入风险投资。他为自己设计了一个美好的梦想：引入投资、上市、做成国际品牌，网站也因此易名为51job.com。无忧工作网的赢利模式十分符合中国国情，受到了国外风险投资者的青睐。

2000年4月，甄荣辉正式加盟前程无忧。

其实，做事有计划是一个非常好的习惯，我们不要觉得做计划比较麻烦、没有用，有些东西虽然在我们的脑子里转了又转，可是如果我们不写出来，很可能一转眼就给忘记了，甚至做事颠三倒四、没有头绪。

我们在平时要学会在前一天晚上或一早就把当天要做的所有事情按轻重缓急罗列出来，合理地分配时间。我们要做管理时间的主人，而不要让时间来支配我们。如果长期坚持下去，做事效率会得到极大的提高，我们的处理事情的能力也会有所增强。

也就是说，良好而严谨的规划会让我们事半功倍！

知识万花筒

MBA：Master Of Business Administration 的简称，即工商管理硕士。这是源于欧美国家的一种专门培养中高级职业经理人员的专业硕士学位，培养的是高素质的管理人员、职业经理人和创业者。商业界普遍认为工商管理硕士是晋身管理阶层的一块垫脚石。

风险投资：一般认为起源于20世纪六七十年代的美国。这种投资方式与以往抵押贷款的方式有本质上的不同。风险投资不需要抵押，也不需要偿还。如果投资成功，投资人将获得几倍、几十倍甚至上百倍的回报；如果失败，投进去的钱就算打水漂了。对创业者来讲，这种投资方式是很有利的。近几十年来，这种投资方式发展得非常成功。

年　　月　　日

第19天/罗恩·波培尔
一开始就坚信定能成功

著名潜能激励大师陈安之说过："潜意识会依照我们心中所想的画面，构成真实事物。潜意识无法分辨事情是真还是假，一旦被接受，它终究要变成事实。"

只要有明确画面进入潜意识，潜意识立即便会想尽办法把这个画面转变为事实。而通过潜意识改变的行为，将会对我们产生非常大的影响。

罗恩·波培尔不仅是美国广告业界的偶像，而且是一个商业巨子。30年来，他的商业广告成功进入许多美国人的家庭。

波培尔生于1935年，在他3岁时父母离异，他和异母兄弟吉瑞都被送往一所寄宿学校，他们在那里生活了5年。

波培尔8岁时，他的祖父母来到学校，并把他带回了迈阿密同他们一起生活。

1948年，祖父母带着两个孩子迁往芝加哥。尽管波培尔每个周末都无偿地在父亲厂里干活，可他却从未见到过父亲。

1951年，波培尔逐渐有了商业意识，他也不想继续生活在祖父母的身边，他要有更好的生活。于是，他从父亲那里以批发价买了一大包产品。每个周末早晨5点，他就到集市去，带着他演示产品所需的物件：便携式麦克风、平面桌以及数百磅的各色蔬菜。虽然每天都很辛苦，但是他相信，他一定可以取得成功。

在做生意的时候，他仿佛已经看到了几年后那个有成就的自己。为此，他更是加倍地努力。

当他的那些小伙伴们待在电影院和啤酒馆里尽情快活享乐的时候，波培尔却在切着、叫着、卖着，辛苦地为了自己的理想而努力着。

不久，他的努力就得到了回报，他一天就能净赚到500美元，而他的小伙伴们却仍如从前一样没什么变化。

17岁那年，波培尔挣的钱就足以支付他从家里搬出来的费用了。为了他心中的那个长远打算，他努力说服了最大的一家伍尔沃思店的经理，要他允许自己在商店的主要楼层自由买卖。

这家店可不是一般的店，而是所有连锁店中最大、赢利最多的一家店，它几乎覆盖了整条街区。波培尔日复一日地在伍尔沃思工作，经常一口气要干10～12个小时。

每时每刻都有许多人从波培尔面前经过，没有任何人打算要买他所卖的东西。波培尔的目标就是引起他们的注意，唤起他们的热情，以一种有趣、引人入胜和难以抗拒的方式，快速地劝说他们购买他所出售的东西。

1958年，波培尔的一位朋友告诉他，佛罗里达州有一家电视台，在电视上做一次商业广告只需550美元。波培尔很感兴趣，可是，宣传什么产品好呢？几乎就在同时，他的另一位朋友告诉他，有一种喷雾嘴最为合适：这种灵巧的工具可以用来清洗玻璃、冲洗汽车、给汽车涂蜡、施肥、除草、杀虫。

之后，波培尔毫不犹豫地买进了一大批喷雾嘴，录制了一段商业广告。很快，他就通过电视向几十万观众

人物博览馆

陈安之：亚洲顶尖的演说家、畅销书作家。1967年，陈安之出生于福建省长乐市，12岁赴美国读书，21岁拜入世界潜能激励大师安东尼·罗宾门下学习成功学。畅销作品有《21世纪超级成功学》《自己就是一座宝藏》等。

知识万花筒

佛罗里达州：美国南部的一个州。"佛罗里达"源于西班牙语，意为"鲜花盛开的地方"。佛罗里达州位于东南海岸突出的半岛上，也属于墨西哥湾沿岸地区，是美国人口第四多的州。海岸线总长13500公里，仅次于阿拉斯加州，居全国第二位。首府位于塔拉哈西。

做了演示。4年之内，他售出了近100万个喷雾嘴。

1964年，波培尔创立了自己的罗恩科公司，他要把生意做得更大。同时，他也更加活跃地做起广告来。

起初他推销的是他父亲独创的产品，后来，他又增加了自己设计的产品，包括罗恩科无烟烟灰缸、罗恩科开瓶器、家庭空气清洁机、手提式真空吸尘器等。波培尔的销售总额迅速从20万美元上升到800万美元，而且还在上升。

1969年，罗恩科公司更名为罗恩科电视产品公司，于同年成功上市。到了20世纪70年代初期，他公司的年销售额达到2000万美元。

在迈向成功企业家的过程中，你一定要有必胜的信心。你要知道，你现在所表现出来的，就是你在取得成就时的样子。

世界三级跳远冠军米兰提夫，在8岁之前患了小儿麻痹症。他自己学走、学跑，研究出怎样的姿势合乎自然法则，最终，他跳出了世界上最远的纪录。

后来，当有人问究竟是什么原因使他成为奥运金牌得主和世界纪录保持者时，他说："当我参加比赛时，一般人都在看我跳远当时的表现，其实，任何运动比赛的成功，不单决定于他表现的那个时刻，最重要的是，决定于他表现之前所做的准备。"

或者可以说，成为世界冠军并不是他在比赛那一刻才决定的，他一直都以世界冠军的心态来面对训练和比赛。

创业同样如此。

曾经有一个故事：雨后，有一只蜘蛛艰难地向墙上那个已经支离破碎的网爬去。由于墙壁潮湿，它爬到一定的高度，就会掉下来，它一次次地向上爬，一次次地又掉下来……

第一个人看到了，叹了一口气，自言自语道："我的一生不正如这只蜘蛛吗？忙忙碌碌而无所得。"于是，他日渐消沉。第二个人看到了，他说："这只蜘蛛真愚蠢，为什么不从旁边干燥的地方绕一下爬上去？我以后可不能像它这样愚蠢。"于是，他变得聪明起来。第三个人看到了，他立刻被蜘蛛屡败屡战的精神感动了。于是，他变得坚强起来。

这个故事说明：只有那些有成功心态的人才能发觉成功的力量；只有在内心有着必胜信念的人，才有可能比别人更优秀。

还有一个故事同样说明此理。

有人问三个砌砖工人："你们在做什么？"

第一个工人毫不犹豫地说："砌砖。"

第二个工人想了片刻说："我正在赚钱。"

第三个工人说："我正在建造世界上最富有特色的房子。"

到了后来，前两人一生都是普普通通的砌砖工人，而第三个工人却成为了有名的建筑师。

第三个砌砖工人之所以能成为著名的建筑师，就因为他在内心看到了那个成功时的自己，他是有着坚定的成功信念的。

然而在现实生活中，许多人却并非如此。他们只能看到眼前的自己，不能也不可能想象到自己要成为"建筑师"，而结果，有可能正是因为这个差异而让他们成为了平庸的"工人"。

对于不自信的人来说，机遇从不光顾他，因为，他首先把自己给否定了。这样的人怎么可能成为优秀的企业家呢？

所以，要想成为一个优秀的企业家，就要从一开始就以成功企业家的心态来想象自己、要求自己。这样，几年之后，没准儿《福布斯》排行榜里就有了我们的名字！

知识万花筒

建筑师：一种职业。建筑师接受工程投资方的委托，从建筑专业的角度对建筑进行图纸设计，并协调整合结构、机电、工艺等各专业的图纸，形成可供施工的图纸，提供给投资方。建筑师一般是由建筑投资者所雇佣的，并对其负责。

小儿麻痹症：学名脊髓灰质炎小儿麻痹症，是由脊髓灰质炎病毒引起的一种急性传染病。临床表现主要有发热、咽痛和肢体疼痛，部分病人可发生弛缓性麻痹。这种病在儿童中发病率比成人高。

第20天/任正非

从长远出发，莫计一时得失

　　青少年大都有着远大的理想，但迫于现实的残酷，有的人不得不放下理想而做一些自己不喜欢的事情。但是，无论如何，要想在事业上取得成功，就一定要树立远大而坚定的理想，做任何事都不要只顾着眼前的利益得失，而是要把眼光放长远，这样，我们才有可能成为企业家。

　　华为老总任正非从部队转业后，经过一番坎坷，创办了自己的公司——深圳华为技术有限公司。几年的时间里，公司迅猛发展，年销售额达15亿美元，成为中国市场GSM设备、交换机产品及接入系统领域的佼佼者。2005年，华为的销售收入达到453亿元人民币。截至2006年6月，华为已累计申请专利超过14000件，连续数年成为中国申请专利最多的单位。

　　早在2000年的时候，任正非就被美国《福布斯》杂志评选为中国50富豪之一，以5亿美元的个人财产位列第三；在胡润的《2006年强势榜》上，他是第二名；在第四届中国民营企业峰会公布的"中国民营企业自主创新十大领军人物"中，他是第一名。

　　1944年，任正非出生于贵州安顺地区镇宁县一个贫困山区的小村庄。虽然是在农村，他家却也算是一个知识分子家庭，他的父母都是当地中学的教员。

　　在任正非19岁时，他带着父母的期望考取了重庆大学。在特殊的历史时期里，他硬是凭着坚韧的毅力把电子计算机、数字技术和自动化控制等课程自学完了，不仅如此，他还自学了逻辑、哲学和三门外语。这种学习精神非常可贵，现在仍值得年轻人学习。任正非一直谨记着父亲的叮嘱："记住，知识就是力量，别人不学，你要学，不要随大流。"

是的，做事不随大流，其实从某种程度上说，也是一种智慧和策略。就是在华为最困难的时候，任正非也没有像其他人一样懈怠，而是有自己的打算。

20世纪80年代的中国，正逢改革开放初期。从农村到城市，从沿海到内地，改革开放的春风吹到了华夏的每一个角落，封闭了几千年的国门终于缓缓开启。一时间，许多创业的机会扑面而来。深圳作为特区，更是有着大批的机会，许多人如浪潮般涌向深圳。

当时，已经40多岁的任正非看见时机成熟，便毅然辞去团级干部的职务，南下深圳，也准备为自己开创一个新的天地。

任正非到深圳后，先是在南油打了两年工。之后，1988年，他以2万元的注册资本创立华为公司，地点选在深圳南山区一个不知名的小角落里。

任何人在创业初期都是不容易的，任正非也不例外。当时的生活非常艰苦，他和父母及侄子挤在一个小房间生活，煮饭都得到阳台上去。

刚开始的时候，公司主要以经营小型程控交换机、火灾警报器、气浮仪开发生产及有关的工程承包咨询为主。另外，还代销香港的一种HAX交换机，靠差价获利。代销是一种既无风险又能获利的方式，经过两年的

人物博览馆

任正非：现任华为技术有限公司总裁。1944年出生于贵州省安顺市，毕业于重庆大学。1987年，任正非在深圳创办华为技术有限公司。如今，华为已成为全球最大的电信网络解决方案提供商，全球第二大电信基站设备供应商。

胡润：英国注册会计师，著名的《胡润百富》创刊人。1970年，胡润出生于卢森堡，1993年毕业于英国杜伦大学，曾留学中国人民大学学习汉语。1999年，他推出中国第一份财富排行榜"百富榜"，被公称为是研究中国民营经济的"教父级"人物。

艰苦创业，公司财务才有了些好转。

任正非很有商业头脑，在卖交换机的过程中，他看到了中国电信对程控交换机的渴望，于是，他决定要投身于这一行业。而事实上，在一开始，任正非连程控交换机是什么都不知道。那时中国的通信业刚起步，交流的需求与日俱增。

当时的深圳，也正值倒买倒卖阶段，知识无用论的风气日益兴盛，不久又经历了泡沫经济时代（房地产、股票），不少人从中大发横财，而真正搞实业、做研究的企业却受到了很大的冲击。

这时候，任正非没有加入到倒买倒卖的潮流中去，也没有单一地继续那并无风险的代销方式，而是与众不同地选择了一条充满风险的道路：走技术自立、发展民族高新技术的实业之路。

在当时的中国交换机市场上，大多数产品都来自国外的电信企业和他们在中国的合资企业，凡是通信业的人都非常清楚这个行业的风险性。所以，很多人都不理解为何任正非放着眼前能轻而易举得到的钱不赚，却去劳民伤财地搞科研，人们都觉得他太傻了。

而任正非另有他的一番见识，他认为：正是由于处在我国改革开放的初期，国家为了加快经济发展速度，要不断地用优惠政策来吸引外资、引进技术，一时间合资合作浪潮此起彼伏。而当时的中国还处在一个由计划经济到社会主义市场经济的转型时期，许多政策法规还不健全，国内工业体制、技术改造还没有完成，在这种情况下合资合作的结果是让出了大片市场，使国有企业处于不平等的竞争劣势中，最终几十万国有企业陷入困境。这种以市场换技术的代价太大了！

任正非说：外国人到中国来是为赚钱的，他们不肯把家底交给中国人，而指望我们引进、引进、再引进，让我们始终不能独立。以市场换技术，市场丢光了，却没有哪一样技术能真正掌握。只有技术自立，才是根本；没有自己的科技支撑体系，工业独立是一句空话；没有独立的民族工业，就没有民族的独立。

因此，任正非一开始就给华为定下了明确目标：发展民族工业，不与外国合资；紧跟世界先进技术，立足于自主科研开发，目标是占领中国市场，开拓海外市场，与国外同行抗衡。

任正非选择的是一条极其艰辛的道路。

经过几年的艰难打拼，1995年，华为开始走向海外市场。直到1999年，才形成规模，并建立起大的营销和服务网络，该年度，华为公司海外销售额达5000万美元，2000年实现1.28亿美元，2001年3.3亿美元，2002年5.5亿美元，2003年10.5亿美元，2004年22.8亿美元。

曾经有一个故事，也说了同样的道理。

有两个饥饿的人得到了一位长者的恩赐：一根鱼竿和一篓鲜活硕大的鱼。其中一个人要了一篓鱼，另一个人要了一根鱼竿，于是他们分道扬镳了。得到鱼的人原地就用干柴搭起篝火煮起了鱼，他狼吞虎咽，还没有品出鲜鱼的肉香，转瞬间就连鱼带汤地吃了个精光，不久，他便饿死在空空的鱼篓旁。另一个人则提着鱼竿到海边钓鱼，不久后，他用卖鱼的钱盖了房子，开始了幸福的生活。

任何时候，我们都要往远处看，而不要被眼前的得失所迷惑。有时候，虽然暂时会遇到很多挫折，但是，从长远来看，这未必不是一件好事。

一个人如果只顾着眼前的利益，得到的只能是短暂的欢愉，只有那些能将目光放长远的人才有可能成为企业家。

知识万花筒

泡沫经济：指资产价值超越实体经济，极易丧失持续发展能力的宏观经济状态。泡沫经济一般由大量投机活动支撑，本质是贪婪。这些投机活动缺乏实体经济的支撑，资产犹如泡沫一般容易破裂，因此经济学上称之为"泡沫经济"。

人物博览馆

计划经济：是一种经济体制。计划经济的特征是生产资料归政府所有，经济的管理实际上像一个单一的大公司。计划经济是共产主义的经济体系，它的建立为社会经济的发展提供了科学的保证。此外，还有三种经济体制，分别是市场经济体制、传统经济体制和混合经济体制。

试着这样做

　　方向的确立很重要，如果一名企业家制订出来的商业计划，与市场发展的趋势不相符，即使这个计划再完美，也不会为企业带来效益。所以，在这一点上，我们要懂得：

　　1.虽然我们说树立目标要长远，但是也不能不切实际。设立目标，首先要从自己的兴趣、爱好出发，以自身所具有的条件来衡量，设定一个既符合自身发展，又符合社会发展大趋势的目标。

　　2.制订详细的奋斗计划，同时把大目标按时间或者是按阶段来分为若干个小目标，逐一实现。每天要检查自己的完成情况，有做得不好的地方要及时调整、修正。

　　3.对于每天的工作要有计划，你可以在每天晚上安排第二天的任务，每个周五做出下周的工作计划，每个月的20~25号左右做出下个月的工作计划，每年要做，每个季度要做，你要把你所要做的每一项工作都清清楚楚地刻在你的脑子里。

　　4.把现在的自己就设想成已成为成功企业家时的样子，并以成功企业家的心态来生活。

年　月　日

跟我来阅读

外国流传着一句俗语："能登上金字塔的有两种生物：雄鹰和蜗牛。"
而这个世上，"雄鹰"实在是少之又少，作为平凡人的我们，要想成功，就
学着做一只蜗牛吧，养成良好的习惯，一步一步坚定地向前爬，终有一日，
相信我们也定能登上那梦寐以求的"金字塔"。

下面，就让我们看看这些成功的企业家是怎么学着做蜗牛的吧！

第21天／杨致远
让朋友助我们一臂之力

人际关系是一种十分微妙的东西，是无处不在、无
时不有的。这种无形的东西已经完全渗透到社会的每一
个角落，甚至已经渗透到了人的心灵深处，它不但影响
着个人的行为，而且也影响和决定着一个人的成败。

全球互联网门户网站的霸主——雅虎公司创始人杨
致远，之所以能成功创办雅虎，其关键的一个因素就在
于朋友对他的帮助。

1968年，杨致远生于中国台湾，并在那里度过了童
年。两岁时父亲不幸去世，1978年，他举家移民美国，

人物博览馆

杨致远：互联网公司雅
虎创始人，前首席执行官。
1994年4月，杨致远与戴
维·费洛共同创立雅虎，因
此，他被称为"世纪网络第一
人"，开启了人类的网络时代。

最后在加州硅谷圣荷西市定居。

1990年，杨致远选择了到离家不远的斯坦福大学读书，他选修电机工程，只花了4年时间就获得了学士、硕士学位，课余时间，他在大学图书馆整理图书以勤工俭学，这让他学会了如何有系统地把资讯分类整理。毕业时，他觉得自己还欠成熟，于是就留在学校从事研究工作。正好，戴维·费罗也留校从事研究。两人的邂逅和结交无疑成为以后雅虎成功的关键因素。

其实，杨致远和费罗原本就认识，费罗比杨致远早进入电机这个领域，他1988年毕业于杜兰大学。费罗一度还曾做过杨致远老师的助教。他们做过好几堂课的同班同学，合作过作业。杨致远回忆说："多亏费罗，有的作业几乎是他独自完成的，我根本没做什么事。所以从那时起，我就知道以后要多跟这家伙合作。"

很快，两人成了合作无间的最佳拍档。攻读博士时，费罗和杨致远都决定专注于自动化软件设计。不久，两人报名去了日本做学术交流，也就是在那时，杨致远认识了专研人工智能的斯坦福同学斯里尼瓦桑，她后来加入雅虎出任总编辑一职。

回到斯坦福，两人在一台学校拖车上成立了一间小型办公室。这时，Mosaic第一个Web网浏览器问世了，Web网给Internet带来了极大的活力。很快两人都迷上了互联网，连博士论文都搁在一边。每天，他们有数小时泡在网上，分别将自己喜欢的信息链接在一起。他们利用互联网搜集NBA篮球明星的资料，以便组成一支虚拟的梦幻明星组合，同时，杨致远还编写了他的第一个网页——摔角网站。

开始时，他们各自独立地建立自己的网页，只是偶尔对彼此的内容感兴趣时才互相参考站点。先是每天交换，接着是几小时一交换，而后随时交换。随着收集的站点资料日渐增多，他们链接的信息也越来越广，于是他们开发了一个数据库系统来管理资料，并把资料整理成方便的表格集合起来。

随后，网站越来越多，站点名单越来越长了，于是他们又将站点分成不同类别逐一分类。但很快每一类站点也太多了，他们又将类分成子类，这时候，雅虎的雏形诞生了，核心就是按层次将站点分类，这种方式至今仍是雅虎的传统。

费罗和杨致远起初只将他们的网址发给几位朋友。但这些人个个惊叹连连，就这样，消息透过网络一传十、十传百地传开来。几乎一夕之间，数以百计的网友开始连上这个设在拖车内的网站。这种情形对他们而言是又惊又喜，因为他们从没想过会有任何外来的观众。人们纷纷反馈信息，还附上建设性意见，使内容更加完善。

杨致远和费罗无心插柳柳成荫地有了观众后，不知不觉地也开始一一回应观众的需要。起初，他们只是单向地接收，之后便开始要求使用者回馈网站资讯。渐渐地，他们扩充网站指引，比如加入了"有什么新鲜事"(What's New)和"有什么酷事"(What's Cool)目录。

充满赞美之词的电子邮件愈来愈多，这种数字化的掌声令杨致远和费罗深感满足，所以他们就不断地免费提供更多更好的服务来争取更多网友上站一游。

为了全力投入网站建设，几经思考，杨致远和费罗决定放弃即将完成的博士学位。并且他们俩开始认真思考要将此工作变成一项事业，开始着手将网站商品化。

1994年夏天的一个晚上，在满目狼藉的车库工作室中，杨致远与费罗想为他们创造出来的搜索引擎取个响亮的名字，但历经数小时仍无所获。目前，他们除了决定取杨致远的姓Ya为字首外，别无进展。原以为确定字首之后至少会缩小一些范围，事实并不然。他们曾设

知识万花筒

NBA：全称National Basketball Association，美国第一大职业篮球赛事。NBA成立于1946年6月6日，当时叫BAA，即"全美篮球协会"，1949年改名为国家篮球协会(NBA)。该协会一共拥有30支球队，分属两个联盟：东部联盟和西部联盟，而每个联盟各由三个赛区组成，每个赛区有五支球队。30支球队当中有29支来自于美国本土，另外一支来自加拿大的多伦多。威尔特·张伯伦、迈克尔·乔丹、科比·布莱恩特等篮球巨星都来自NBA。

硅谷：地处美国加州北部旧金山湾以南，早期以硅芯片的设计与制造著称。硅谷是随着20世纪60年代中期以来，微电子技术高速发展而逐步形成的，拥有大大小小的电子工业公司达10000家以上，他们所生产的半导体集成电路和电子计算机约占全美国的1/3和1/6，硅谷客观上已成为美国高新技术的摇篮。

想过像Yama（阎罗王）、Yawp（蠢话）、Yawn（打哈欠）等一系列有趣的名字，突然间，他们想到了Yahoo这种字母组合。

他们迅速翻开手边的《韦氏英语词典》，发现Yahoo一词出自斯威夫特的《格列佛游记》中一群野人的名字。坦白地说，他们设计出来的东西和Yahoo一词的本意并不相符，但是自我贬抑"反其义而用之"在国际互联网上一直很受欢迎，所以Yahoo显然是个好名字，而且Yahoo亦可解释成"Yet Another Hierarchical Officious Oracle"（另一种正式层级化体系）。就这样，一群将在未来改变计算机网络世界的"野人"诞生了，当时是半夜2点。为了增加褒义色彩，他们又在后面加上了一个感叹号，于是就有了"Yahoo！"

当时，网上已存在一些同类搜索引擎，如华盛顿大学的Web Crawler、卡内基－梅隆大学的Lycos，以及收费站点Infoseek等。但与雅虎相比，这些索引搜索工具有一个致命的弱点，那就是在Web网上每个英文单词都出现过无数次，不根据前后内容无法确定其真正意义，所以搜索列出的大部分结果都没有意义。而雅虎是建立在"手工"分类编辑信息的基础之上，采取分层组织信息的方式，相对而言更具智能性，搜索更准确实用，这正是Yahoo! 的精华所在。如娱乐类有幽默、笑话、趣闻、音乐等，音乐下又分歌剧、卡拉OK、流派、机构等，用户根据自己的需要可以一直检索到最底层。到1994年年底，雅虎已成为搜索引擎的领导者。

杨致远和费罗虽然为了自己的事业几乎没有时间休息，但他们却很兴奋，因为这时网络的发展，带来了近在咫尺的商机！雅虎最缺的就是资金支持，只要有了钱，成功指日可待。

聪明的杨致远认识到，必须自己制订一个周密的商业计划，才能打动投资人引来投资。他托自己哈佛商学院的同学布雷迪做了一份翔实的商业计划书，而正是这份计划书帮助杨致远联系到了硅谷著名的风险投资商红杉公司，该公司投资400万美元，从而使雅虎公司步入正轨。后来布雷迪成了雅虎公司的第一位雇员，并任雅虎制作副总裁。

雅虎公司成功了，杨致远也成为了华尔街亿万富翁，而这一切是因为什么呢？皆源于杨致远当初建立的良好人际关系网。

人际关系网可以包括朋友、同学、亲人，最低限度包括所有可以互相帮助的人。有了人际关系，机会和运气就会经常光顾。所以，一定要养成交朋友的习惯，这对我们日后成为企业家是绝对有帮助的。

人物博览馆

斯威夫特：爱尔兰作家、讽刺文学大师。代表作品有《格列佛游记》和《一只桶的故事》。

知识万花筒

卡拉OK：最早起源于日本，卡拉OK日文原意是"无人伴奏乐队"。"卡拉OK"是一种伴奏系统，演唱者可以在预先录制的音乐伴奏下参与歌唱。"卡拉OK"能通过声音处理使演唱者的声音得到美化与润饰，当再与音乐伴奏有机结合时，就变成了浑然一体的立体声歌曲。这种伴奏方式，给歌唱爱好者们带来了极大的方便和愉悦。

第22天／王永庆

注重细节，从小事做起

　　细节是成功过程中十分重要的一件事，每一个小细节都可能决定我们的成与败。因为只有考虑到细节、注重细节的人，才能认真对待工作，将小事做细，而且注重在做事的细节中寻找机会，从而使自己走上成功之路。

　　曾经的台湾首富王永庆就是这样一个注重细节，并从中找到成功机会的人。

　　王永庆于1917年1月18日生于台北县新店，祖籍福建省安溪县。其父王长庚以种茶为生，生活颇为艰辛。15岁小学毕业那年，王永庆便到茶园当杂工，后又到一家小米店做学徒。第二年，他就用父亲借来的200元钱做本金在嘉义开了一家小米店。

　　当时，小小的嘉义已有米店近30家，竞争非常激烈。仅有200元资金的王永庆，只能在一条偏僻的巷子里承租一个很小的铺面。他的米店开业最晚，规模最小，更谈不上知名度了，没有任何优势。因此，在新开张的那段日子里，王永庆米店的生意冷冷清清，很少有人光顾。

　　当时，一些老字号的米店分别占据了周围大的市场，而王永庆的米店因规模小、资金少，没法做大宗买卖；可是如果专门搞零售，也没有市场，因为那些地点好的老字号米店在经营批发的同时，也兼做零售，所以没有人愿意到他这一地角偏僻的米店买货。

怎样才能打开销路，开创一个新局面呢？王永庆感觉到要想米店在市场上立足，自己就必须有一些别人没有的优势才行。仔细思考之后，王永庆很快从提高米的质量和服务上找到了突破口。

当时的台湾，农村还处在手工作业状态，稻谷收割与加工的技术很落后，稻谷收割后都是铺放在马路上晒干，然后脱粒，因此，出售的米里面掺杂了很多砂子、小石子之类的杂物。用户在做米饭之前，都要经过一道捡米的程序，用起来很不方便，但因为时间长了，所以买卖双方对此都习以为常，见怪不怪。

王永庆却从这一司空见惯的现象中找到了切入点。他带领两个弟弟一起动手，不辞辛苦，不怕麻烦，一点一点地将夹杂在米里的秕糠、砂石之类的杂物捡出来，然后再出售。这样，王永庆米店卖的米质量就高了一个档次，因而受到顾客好评，米店的生意也日渐红火起来。

在提高米质这一举措见到效果的同时，王永庆在服务上也更进一步。当时，用户都是自己前来买米，自己运送回家，这对于年轻人来说不算什么，但对于一些上了年纪的老年人，就是一个大大的不便了。而当时年轻人整天忙于生计，且工作时间很长，不方便前来买米，买米的任务只能由老年人来承担。王永庆注意到这一细节，于是便超出常规，主动送货上门。这一方便顾客的服务措施，大受顾客欢迎。

当时还没有送货上门一说，增加这一服务项目可谓是一项创举。

送货上门也有很多细节工作要做。即使是在今天，送货上门充其量也就是将货物送到客户家里并根据需要放到相应的位置。但王永庆却不是这样做的，他做得非常细致。

每次给新顾客送米，王永庆都细心记下这户人家米缸的容量，并且问明这家有多少人吃饭，有多少大人、多少小孩，每人饭量如何，据此估计该户人家下次买米的大概时间，记在本子上。到时候，不等顾客上门，他就主动将相应数量的米送到客户家里。

王永庆给顾客送米，并非送到就完事了，他还要帮人家将米倒进米缸里。如果米缸里还有米，他就将旧米倒出来，将米缸擦干净，然后把新米倒进去，将旧米放在上层，这样，陈米就不至于因存放过久而变质。王永庆这一精细的服务令不少顾客深受感动，赢得了很多顾客。

不仅如此，在送米的过程中，王永庆还了解到，当地居民大多数家庭都以打工为生，生活并不富裕，许多家庭还未到发薪日，就已经囊中羞涩。由于王永庆是主动送货上门的，要货到收款，有时碰上顾客手头紧，一时拿不出钱的，会弄得大家很尴尬。为解决这一问题，王永庆采取按时送米，不即时收钱，而是约定到发薪之日再上门收钱的办法，解决了即时收款中可能会因对方手头紧而出现尴尬的问题，从而极大地方便了顾客，也深受顾客欢迎，使那些接受服务的客户，都成了王永庆的忠实客户。王永庆的米店，也随之生意兴隆，蒸蒸日上了。

王永庆正是把送米这件小事做得很细，使他找到了更好地为客户服务的方式，把顾客变成了他的忠实客户，为事业的进一步发展壮大奠定了基础。

王永庆精细、务实的服务方法，使嘉义人都知道在米市马路尽头的巷子里，有一个卖好米并送货上门的王永庆。有了知名度后，王永庆的生意很快红火起来。这样，经过一年多的资金积累和客户积累，王永庆决定自己办个碾米厂。他在离最繁华热闹的街道不远的临街处租了一处比原来大好几倍的房子，临街的一面用来做铺面，里间用作碾米厂。就这样，王永庆从小小的米店生意开始了他后来问鼎台湾首富的事业。

事业发展壮大后，王永庆在管理企业时，同样注重每一个细节。他的部属深深为王永庆精通每一个细节所折服。当然也有不少人批评他"只见树木，不见森林"，劝他学一学美国的管理，抛开细节只管大政策。针对这一批评，王永庆回答说："我不仅做大的政策，而且更注意点点滴滴的管理，比如操作人员的手艺、操作方法、机械的配置等等。道理很简单，因为它们都会影响生产力。如果我们对这些细枝末节进行研究，就会细分各操作动作，研究是否合理，如果能够将两个人操作的工作量减为一个人，生产力会因此提高一倍，甚至一个人兼顾两部机器，这样生产力就提高了四倍。"

王永庆的成功说明细节的重要性，它是一种创造。不要以为创造就非得轰轰烈烈、惊天动地，工作中的小改革、对细节的调整同样是一种创造。"细致到点"，从细节中找到创新的机会，这就是王永庆成功的秘密。

所以，无论做人、做事，都要注重细节，从小事做起。我们的古人就提倡"天下大事，必作于细；天下难事，必成于易"。已故总理周恩来就一贯提倡注重细节，他自己也是关照小事、成就大事的典范。

做事注重细节，不但能够使我们迅速进步，并且还将大大地影响我们的性格、品行和自尊心。任何人如果想成为企业家，就非得秉持这种精神去做事不可。无论到哪里，一位工作注重细节的人，都会受人欢迎的。

 知识万花筒

囊中羞涩：指口袋里钱很少。囊：口袋。羞涩：难为情，比喻经济困难。出自宋代阴时夫的《韵正群玉·阳韵·一钱囊》："阮孚持一皂囊，游会稽。客问：'囊中何物？'曰：'但有一钱看囊，恐其羞涩。'"

只见树木，不见森林：比喻只看到局部，看不到整体或全部，说明眼光短浅。出自毛泽东《矛盾论·矛盾的特殊性》："或者叫做只看见局部，不看见全体，只看见树木，不看见森林。"

年　　月　　日

第23天／吴士宏
在学习中不断进步

　　据国外研究机构测算，21世纪的文盲已不再是那些不识字的人，而是那些不会学习的人。

　　在这个时代，我们原有的知识正在以每年5%的速度不断"报废"，如果不随时进行更新和补充，10年后就会有50%的知识变得陈旧和老化，所以说，未来的社会是学习型社会，每个人都应该善于学习。全球500强企业的总裁和董事长就都具备良好的读书和学习习惯，而前微软中国区总裁吴士宏更是此中的佼佼者。

　　吴士宏，北京人，60年代生人，从小就表现出其聪明才智，常常考第一。

　　初中毕业后，她因家庭成分问题没能继续升学。老师心疼她是好学生，就给她办了个"因病留城"。待业一年多后，她被分配到街道医院当护士。

　　1979年，一场灾祸从天而降，吴士宏得了白血病，此后开始了长达4年的治疗过程。病中一日，世上千年。病好后，她发现，这时候找任何工作都需要文凭，至少是专科。考大学还有机会，但不属于她，因为她没钱也没时间。4年时间用在生病上，就算她考上大学，没了工资还得自负生活，太离谱了。

　　于是，她决定选择一条"捷径"——参加高等教育自学考试，以次来改变自己的命运。对吴士宏来说，自学并不是最高效的方式，然而自学是别无选择的选择。她只有一个目标：把病中耗费的4年挣回来。她只能比别人更刻苦以便在最短的时间里给自己挣一张走向新生活、新机会的入场券——自学文凭。

吴士宏选了科目最少的英文。书，可以借一部分，要买的只有《许国璋英语》4册；要省钱，可以听收音机。从此，她开始搏命。

一年半的时间，文凭快到手了，虽也有几分得意，但她最得意的还是"赚"回了点时间。

1985年3月底的一天，吴士宏看到《北京日报》上有一则北京外国企业服务总公司的招聘广告。这家外企公司招聘各语种人才，并将外派至驻北京的各外国商社，要求拥有大专以上文凭的应聘者方能参加外企服务公司另设的考试。

当时还是个小护士的吴士宏，抱着个半导体学了一年半《许国璋英语》，就壮起胆子到IBM去应聘。

那是1985年，站在长城饭店的玻璃转门外，吴士宏足足用了5分钟的时间来观察别人是怎么从容地步入这扇神奇的大门的。

先是英语笔试。那天考的中译英是国际新闻，由于吴士宏每天听国际广播电台的英语广播，所以很顺利地通过了。

她接到了口试通知。但吴士宏的口语都只是平常跟着收音机学的，因此她心里没有底。幸亏还有两个星期的时间，她立即看报纸找口语班，决定报名参加国旅的业余导游英语短训班，因为这个班能配合她上班和考试的时间。但一个星期过去了，短训班一直没给她回音，吴士宏急了，她气急败坏地给国旅打电话，得到的回答是她不用上口语班了，可以直接上团。

她带的是美国西雅图的一个高中合唱团，那是吴士宏生平第一次去北京机场。她站在车头导游位置上，拿着话筒就是不敢转过身来。白天，她热情地带这个合唱团去八达岭、故宫。晚上回医院上夜班，当了3天的导游，她狂练了3天口语。

送走美国合唱团第二天，吴士宏去外企服务公司考英语口语，结果考试顺利通过。最后，主考官问她："你会不会打字？"

"会！"吴士宏条件反射般地说。

"那么你一分钟能打多少？"

"您的要求是多少？"

主考官说了一个数字，吴士宏马上承诺说可以。她环顾了四周，发现现场并没有打字机，果然考官说下次再考打字。

实际上，吴士宏从未摸过打字机。面试结束后，她飞也似地跑了出去，找亲友借了170元买了一台打字机，没日没夜地敲打了一个星期，双手疲乏得连吃饭都拿不住筷子了，但她竟奇迹般地达到了考官说的那个专业水准。过了好几个月她才还清了那笔债务，但公司也一直没有考她的打字功夫。

就这样，吴士宏获得了第一份在外国公司的工作——进入IBM。

在IBM，一开始她做的是"行政专员"，与打杂无异，什么都干。

有一天，她上街买了一大堆文具，小推车进不了转门，试了试旁边的推门是锁着的，于是她就请门童帮忙打开一下。

"你是哪儿的？"门童问道。吴士宏说自己是IBM公司的，在这里上班。门童向她要证明，但她因为出来得急没带外企工作证，而且她不是IBM的正式员工所以也没有胸牌。吴士宏就跟他解释，但这个门童就是公事公办不让她进；请他给IBM打电话查证，他说不行，吴士宏自己又打不了电话，因为电话在门里面。就这样，僵持了十几分钟，幸好有个IBM的同事从外面回来，帮吴士宏作证，门童才将她放进去。事后，吴士宏躲进洗手间无声地痛哭了一场，她在心里狠狠发誓，以后绝不再让人拦在门外，不管是什么门！

吴士宏决定改变处境。这回不是为了温饱，而是为了争取"存在"的价值。她走上五楼去敲门，开门的是人事部经理苏珊·凯文。面对美丽和善的苏珊，吴士宏的英语讲得很顺畅，她把自己从自学考试到面试，再到做办事员的工作经验，一一做了说明，以此来证明她的能力。她请求苏珊，可不可以破例给她一个机会去参加IBM专业人员招聘考试。苏珊听得很仔细，只问了几个小问题，礼貌地告诉吴士宏她会考虑一下，然后给她答复。

走到门口，吴士宏忍不住回头说道："苏珊，请给我一次机会吧，考不上我自己不后悔；要是我能考上，我不会让IBM后悔！只请给我一次考试的机会！"苏珊看了她几秒钟，轻轻地说了声："我明白你。"吴士宏得到了这次考试的机会，她于1986年7月1日，也就是到IBM整整一年后正式转为专业学员，名片上中文印着"助理工程师"的职称。

后来，吴士宏又通过自己的努力，成为部门经理，一直坐到IBM中国销售渠道总经理，并最终成为微软（中国）公司的总裁。

从一个护士到外企职员，从部门经理到成为一家最著名的外国公司在中国的掌门人，吴士宏正是靠着不断地学习才成为一名出色的企业家。

所以说，没有学习能力，就不可能有竞争力。只有懂得学习、善于学习的人，才能不断进步，才能无往不胜，也才能真正走向成功，最终成为一个优秀的企业家。

知识万花筒

故宫：位于北京市中心，旧称紫禁城。于1406年（永乐四年），由明成祖下令仿照南京皇宫兴建，动用工匠23万、民夫百万，至明永乐十八年（1420年）建成，是明、清两代的皇宫。故宫是世界上现存最大、最完整的木质结构的古建筑群。

IBM：International Business Machines Corporation 的简称，翻译为国际商业机器公司，或万国商业机器公司。1911年于美国成立，总公司设在纽约州阿蒙克市，是全球最大的信息技术和业务解决方案公司。该公司初创时期的主要业务为商用打字机，后来转为文字处理机，如今是以计算机和相关服务为主。

第24天／李明博
学会珍惜并合理利用时间

英国著名哲学家赫胥黎有一句名言："时间最不偏私，给任何人都是24小时；时间也最偏私，给任何人都不是24小时。"

不错，时间是公平的，因为它赋予每个人每一天的时间都是24小时；但不同的人所得到的时间效率却不尽相同，所以它又是偏私的。

善于珍惜时间并且善于掌控时间的人所得到的时间远远大于24小时，而貌视时间、不合理利用时间的人得到的时间则要小于24小时。就像有人说的："用'分'来计算时间的人，比用'时'来计算时间的人，时间多59倍。"韩国前总统李明博就是这样一个善于利用时间的人。

李明博何许人也？

他是韩国一个颇具传奇色彩的人物——靠捡垃圾完成大学学业，并在20多岁时当上韩国现代集团的理事，30多岁当上社长，40多岁成为会长，在韩国商界创造出了一系列的奇迹。

李明博出生在一个很贫困的家庭，小时候备尝生活的艰辛。学生时期，他曾走街串巷卖过米糖、爆过玉米花、摆过水果摊。但尽管生活艰难，他仍然通过努力学习，考上了高丽大学，并靠捡垃圾完成了大学学业。

1965年，大学毕业后的李明博历经周折成为韩国现代建设公司的一名职员。当时的现代建设公司还只是一家不起眼的小公司。李明博进入公司后，为了尽快熟悉业务，把全身心都放在了工作上。

小时候艰辛坎坷的生活经历铸就了李明博坚韧、顽强的性格，同时也让他学会了珍视时间。为了充分利用时间，他把时间一分为二。在他的工作表里，一秒钟就相当于两秒钟，一分钟相当于两分钟，一小时相当于两小时……因此，他最终完成的工作量总会超出上级分给他的任务，并且保证质量。

在李明博看来，许多事情是在行与不行的想法之间徘徊的。认为不行的人脑海里只充满了不行的可能性和理由，而认为行的人，即使只存在1%的可能性，也会抓住这个希望不放的。即使没有这1%的可能性，哪怕是100%要失败的事儿，面对它的人也会从中吸取教训，获得经验。没有努力过的人什么也留不下。他就是用这种50：0的比率来计算这种差异的。

当李明博从上级那里接到某项工作任务时，不会像一般人那样首先列出面临的困难，预先为失败找好各种借口，而是制定出比任务更高的目标，并为实现该目标在规定时间内竭尽全力地去努力。就像现代集团的创始人郑周永所说的："李明博像我一样，不，他比我更把公司当成自己的公司。"

正是靠着这种非凡的付出，李明博在进入公司5年后成为理事。12年之后，36岁的他就成为公司的社长（执行总裁）。但当上社长的他并没有放松自己，而是把时间抓得更紧。

人物博览馆

赫胥黎：英国著名博物学家、哲学家。1825年，赫胥黎出生在英国一个教师家庭。1845年，他毕业于伦敦大学医学系。赫胥黎是达尔文进化论最杰出的推崇者。

李明博：籍贯韩国庆州李氏，1941年出生于日本大阪中河内郡。李明博曾任韩国首尔特别市市长，2008年当选为第17任大韩民国总统。

　　此时的现代集团已成为一家大型跨国公司，因职业所需，李明博常常在凌晨2点也要接听电话，特别是从海外打过来的电话，他都会亲自去接。

　　因为如果按韩国总部的习惯打电话的话，在海外的工作人员只有等到深更半夜或凌晨才能打，这样就会延误问题的处理；而如果错过总部日常业务时间不接电话，就要浪费现场和总部双方两天的时间。在今天这种瞬息万变的时代，两天的时间是多么宝贵啊！而像李明博这样一个把时间一分为二的人，当然不会如此浪费时间。

　　而且，每次接电话李明博都会非常注意自己的态度。因为他知道从海外给社长打电话的人，肯定知道韩国这边的时间，如果是凌晨2点，自己用充满睡意的声音很不耐烦地接电话，那么哪个分公司员工还敢再来电话呢？

　　他们心里会想："还以为什么时候都可以打电话呢？听接电话的声音……还不如不说。"

　　为了不让海外的员工产生这种想法，他反复练习，让自己努力做到任何时候接电话都像正常工作时那样声音洪亮、清晰，同时，他还坚持做记录。

时间一长，在海外分公司工作的员工从电话里都得出这样一个结论："我们社长晚上也不睡觉。"而李明博也练就了在沉睡中只要一听到电话铃声，就会马上用清晰的声音接电话，之后再重新入睡的本事。

由于从小养成了早起的习惯，从上中学到当上社长，李明博从未睡过5个小时以上的觉，他起床的时间一直固定在5点。在韩国是这样，到世界任何地方都是这样，他坚持当地时间5点准时起床。

但这是训练出来的，不是天生的。李明博从不在飞机上睡觉，因为如果睡着了就无法适应目的地的时间。在飞机上他一般都是读书，下了飞机后直奔网球场。打网球打出一身汗再去睡觉，而且肯定能在当地时间5点准时起床。在国外见过他的人，对此都很惊讶。别人以为他早起是先天的，事实并非这样，他靠的是努力，除了反复的努力之外没有什么别的秘诀。

因此，当有些人询问其"快速提升"的秘诀时，李明博总是会笑着回答说：

"我从来没有什么秘诀。我虽然进入公司只有12年就被提升为社长，但我这12年与普通人的12年不同。我从没有过公休日，并且每天工作18个小时以上，相当于别人的两倍。这么计算的话，我等于是24年后才提任社长的，所以也不能说'过快'。"

后来，李明博又被提升为会长，但千万不要因此而把他看成一个纯粹的工作狂。事实上，李明博对于任何

人物博览馆

郑周永：韩国现代集团创始人。1915年，郑周永出生于现属朝鲜的江原道通川郡。郑周永创建的现代集团拥有包括汽车、建设、造船、重电机械、电子等共43家关系企业。韩国现代是一家股票上市最少、外国资金占有率最低、最具"韩国色彩"的企业团体，在这个全球分工合作的时代，是一匹特立独行的车坛黑马。

知识万花筒

社长：在日本、韩国，公司一般称为会社，总经理级别的职务称为社长。代表最高位阶的董事长则称会长。

事情都没有落下，比如，供养父母、照顾家庭、与朋友交流等，他不但做了，而且做得很好。李明博认为如果一个人以工作为由，而把生活中这些重要的事情抛诸脑后，那就失去了忙的价值和意义。他之所以能同时做好这些事情，是因为他不但珍惜时间，而且善于合理利用时间。

就拿周五上班的穿着来说吧。

一般职员在周五上班的时候，都喜欢穿休闲服，这主要是为了方便下班后直接去玩。但李明博却从来不这样，周五时他仍像周一至周四那样，穿一身笔挺的西装来上班。如果下班后准备去玩儿的话，他会提前备好衣服，等工作结束了再换上。在这件事上，他不但严格要求自己，而且对下属也是如此。如果有人做不到这一点，那就干脆周五别上班了。

对此，有些职员很不理解，于是就问李明博为什么要这样做，穿休闲服不是一样工作吗？李明博则严肃地回答：

"如果周五时穿休闲服来上班，那就会一天都在想下班后去玩儿的事情，这样就无法做好工作了。

"为什么美国汽车工厂周五生产的产品次品最多，而日本的汽车工厂却保持如一呢？就是因为美国汽车工厂的工人周五一天都沉浸在周末的气氛里，精神不集中；而日本却是严格区分工作与休息的时间，因此它们的产品从周一至周五质量都相同。

"理清公私关系很重要，区分工作与休息也很有必要。工作的时候，不要让其他想法和杂念干扰你，要专注于工作，那样才能珍惜和享受休息时间。"

职员们听了李明博的一席话，不住地点头。他们这才明白，为什么李明博年纪轻轻就能快速地"攀登"到公司的顶峰位置。

李明博伴随着现代集团的成长而成长。当现代建设公司发展成为韩国首屈一指的大企业集团时，李明博最终执掌旗下拥有6家联营公司的现代集团，同时也成为仅次于创办人郑周永的"现代"功臣。

1992年，李明博从现代集团辞职，此后历任了第14届、第15届韩国国会议员；2002年经市民投票当选为首尔市市长，任职至2006年。1998年，李明博被《朝鲜日报》选为"大韩民国50年50大人物"之一，1999年经济报社和韩国"全国经济联合会"选他为"20世纪为韩国争光的30大企业人之一"

2007年12月19日，李明博作为韩国大国家党候选人在总统选举投票中以49%的得票率的压倒性优势当选为韩国第17任总统。

李明博从现代建筑工程公司的一位年轻雇员到现代集团的执行总裁，再到首尔市市长，最终当选韩国总统，他靠的是什么？靠的就是一种对工作时间的良好控制和把握。我们要想将来有所成就、有所作为，就必须像李明博一样首先学会珍惜时间，将每一分钟、每一秒钟都充分利用起来。

伟大的文学家鲁迅先生有句格言："哪里是天才，我把别人喝咖啡的时间都用在工作上了。"

英国博物学家达尔文也曾经说过："我从来不认为半小时是微不足道的一小段时间。"

成功就是从珍惜时间开始的！只有珍惜时间，并合理利用时间，才能实现自己的企业家梦想！

知识万花筒

《朝鲜日报》：大韩民国的三大报纸之一，是一家在韩国影响力最大的新闻媒体。自1920年创刊以来，《朝鲜日报》一直受到韩国国民的厚爱，最近几年在家庭订阅率、个人阅读率、媒体喜爱度等各种就订阅情况进行的调查中，全都高居榜首。一般来说该报的立场趋向于韩国保守派的观点。

试着这样做

习惯可以决定一个人的命运，习惯不同就会有不同的人生道路，好习惯是成功的基石。

综观那些著名企业家，哪一个不是养成了良好的习惯而最终成为卓越人物的？那么我们应该养成哪些好习惯，又怎样养成这些好习惯呢？

1. 养成爱学习的习惯

从现在开始，就坚定"奋斗不息，学习不止"的信念，日复一日，及时"充电"，沿着知识的阶梯步步登高，逐渐养成丰富自己、重视学习的好习惯。

2. 信奉诚信至上

如果知道一件事情自己办不到或难以办到，就不要轻易许诺；如果答应了，就一定要办好，应尽自己的全力去实现给予对方的承诺；如果答应了对方的事因为某种原因没有办成的话，要主动找对方说明原因，请求对方谅解。不要弄虚作假，坦诚面对自己的缺点和不足，并尽力改善。

3. 珍惜时间，合理利用时间

"今日事，今日毕"，今天加把劲能够解决的问题绝不留到明天。最好把目前要做的每一件事情都列出来，并设定一些详细的计划，然后依照计划进行。做事时，一定要专心致志，如果做到了这一点，也等于节约了时间。

4. 做事要细致、到位

要具备苛求细节、追求完美的精神，起点低不要紧，关键是要认真对待每一件小事，把寻常的事做到不寻常。要么不做，要做就做到最好。

5. 善于结交朋友

结交朋友其实就是为了创造一个良好的人际关系网。人际关系网不是一朝一夕就能建立起来的，它需要几年甚至十几年的培养。所以，一定要在平时注意结交一些对自己可能有帮助的朋友。

年　月　日

跟我来阅读

阅读主题7：
培养健康的心理素质

美国成功大师拿破仑·希尔说过："一个人能否成功，关键在于他的心态。成功人士与失败人士的差别在于，成功人士有积极的心态，而失败人士则怀着消极的心态。"这里所说的积极心态就是指健康的心理素质。由此可见，健康的心理素质对事业的成功是非常重要的。那么，拥有哪些心理素质是迈向成功的关键呢？

第25天／孙正义

要有强烈的成功愿望

他，身材不足1米6，却被称为"电子时代大帝"；他，或许在名气上比不过比尔·盖茨，甚至也比不上雅虎的杨致远，但他却自称，在互联网经济中拿下的份额，已超过了上述两人！

他究竟是谁呢？他就是互联网产业独一无二的造梦人——孙正义，一个成就了无数人互联网梦想的人。他一手造就了阿里巴巴、当当网上书店、新浪、网易、上海盛大、携程旅游网、淘宝网上购物、分众传媒……国内众多著名IT企业都留下了孙正义的身影并打上了其软

人物博览馆

孙正义：1957年出生于日本，韩裔日本人。软件银行集团董事长兼总裁。

银公司的烙印。

如今，孙正义虽已拥有亿万身价，财富位居世界前列，但却依然雄心勃勃，想拿下整个世界！

1957年8月11日，孙正义出生在日本佐贺县鸟栖市。孙正义的父亲以经营弹子房为生，小时候他常常听到父亲嘟囔："今天下雨了，所以生意不好。要是天晴的话，一定会好的。"当时他就暗下决心，如果自己将来经商，绝对不会做看天吃饭的生意，要自己把握命运，做一番大事业。

1974年2月，年仅17岁、从小就对美国充满兴趣的孙正义前往美国求学。到了美国后，他仅在当地高中学习了两个星期，就毕业了，并通过了大学入学鉴定考试。

1976年，孙正义又转入加利福尼亚大学的伯克利分校经济系，插班进了三年级。也就是在此时，19岁的他为自己的人生规划出了与众不同的成功蓝图：

在30岁以前，成就自己的事业，光宗耀祖；

在40岁以前，拥有至少一千亿日元的资金；

在50岁以前，做出一番惊天动地的大事业；

在60岁以前，事业成功（营业额规模至少一兆日元）；

在70岁以前，把事业交给下一任接班人。

规划好人生蓝图后，孙正义开始为自己的志向努力。他学习十分刻苦，常常连走路、吃饭、如厕，甚至进澡盆都捧着书，每天的睡眠时间浓缩为3.5个小时。

一次偶然的机会，孙正义买到了一本《大众电子》，看到了那幅伟大的照片——英特尔生产的计算机芯片的扩大照片。下意识地，他知道这个小小的芯片将会改变世界，改变自己的一生。而这一瞬间的直觉，让孙正义踏上了与计算机结缘的不归路——"我要搞计算机，企业家应走的路是计算机行业。"

他规定自己，每天都必须有个发明，不管大小。就这样，他发明了"多国语言翻译机"。这种机器是由字典、声音合成器和计算机这三种事物组合而来的，类似于今天的"词霸"，只要你输入一个日文单词，就会有正确的英文发音来回应。

为了推销自己的产品，孙正义在假期里回到日本，几经周折后，孙正义见到了夏普的负责人、"日本电子产业之父"佐佐木正。佐佐木正被孙正义认真讲述自己的发明时那种种"认真"和"朝气"打动了，他用4000万日元，也就是当时的100万美元买下了这个发明，而孙正义也获得了自己人生的第一桶金。

1978年，孙正义利用这100万美元，在美国开设了一家名叫Unison World的公司，主要从事多国语言翻译机的商品化与其后的产品开发，以及进口电玩机与开发电玩软件。他从日本买进电玩机，经过重新组装后，放在餐厅、酒吧、咖啡厅与学生宿舍等地。全盛时期，他曾经拥有350部电玩机。

然而，就当这一切顺利进行的时候，孙正义却选择了放弃，因为在他的眼里，游艺机生意只相当于他父亲的弹子房，而他所要实现的却是自己的50年大计。

1980年，孙正义回到了日本，但他并没有急着去工作，而是花了一年多的时间来考虑自己到底要做什么。他把自己所有想做的事情都列出来，而后逐一进行市场调查。他想做的事情有40种。对这40个项目，他逐一做了详细的市场调查，并根据调查结果，做出了10年的预计损益表、资金周转表和组织结构图。每一个项目的资料都有三四十厘米厚，40个项目的文件加起来足有10米高。

然后，他又列出了选择事业的标准，这些标准有25项之多，其中比较重要的有：

知识万花筒

弹子房：一种用作游戏的机器。在一个立式的带有许多小孔的盒子里，游戏者拨动右下方的扳手，弹击直径1公分左右的铁球，如果铁球顺利进入某一个孔洞，便会滚出十几个小球，小球多到一定数量便可换取金钱。弹子房是一种带有赌博性质的游戏。这种游戏目前在日本很流行。

夏普：指夏普公司，是一家日本的电器及电子公司。夏普公司创立于1912年，原称"早川电机工业"，由早川德次在日本东京创立，1923年关东大地震后迁到大阪。夏普现已在世界25个国家，62个地区开展业务，是一个大型的综合性电子信息公司。

1.工作是否能使自己持续不厌倦地全身心投入，50年不变；

2.是不是很有发展前途的领域；

3.10年内是否至少能成为全日本第一；

4.别人是否可以模仿。

依照这些标准，他给自己的40个项目打分排队，于是，计算机软件批发业务脱颖而出。

1981年9月，孙正义在靠近福冈市南方的大野市创立了日本软件银行公司，资本额1000万日元。办公室位于一间铁皮屋建筑物的二楼，公司成员除了孙正义之外，只有两名打工的职员。

一个月后，在大阪举行的电子产品展销会上，刚刚成立的软件银行公司拿出资本的80%租下了会场最大、距入口最近的展厅，并免费提供给各软件公司。此后，孙正义成功地和当时最大的软件公司哈德森签订了独家代理合同。软件银行的业务由此迅速展开，短短几个月就成为日本最大的软件营销商，控制了日本软件市场

40%的份额。公司的业绩像翻倍游戏一样飞速增长。

1995年，孙正义又发现了互联网的价值，他先后把3.6亿美元投给了一家还没有一分钱利润的互联网公司。这时，几乎所有的人都认为他疯了，但没过几个月，人们转而佩服他了。这家互联网公司于1996年在纳斯达克挂牌上市，其股价一路飙升，孙正义卖了手中股票的一小部分就换回了4.5亿美元。这家公司就是著名的门户网站雅虎。雅虎的股价在1999年一度达到250美元，而孙正义的平均成本大约为每股2.5美元。雅虎只是一个开头，孙正义投资并成为其大股东的公司达400多家，这些公司清一色的与互联网有关。

孙正义无时无刻不在实现着自己的成功梦想，即使是在等候飞机的时候，他也不停下来。一次，在旧金山国际机场的休息室里他就做了一笔大买卖，用1540万美元买下了Cyber Cash公司9.5%的股份。公司董事长丹·林奇颇为惊讶地说："我们只花了一小时。"愿望是人们行动的出发点，一切活动都发源于愿望。愿望有强有弱，弱小的愿望很容易为生活的风浪所熄灭，强烈的愿望则能抵挡生活的风浪，没有什么风浪可以熄灭它们，除非生命结束。

顽强的毅力是与强烈的愿望联系在一起的。要成功，必须有强烈的成功愿望；要创造财富，必须有强烈的财富愿望。而绝大多数人之所以失败，就是因为他们没有强烈的成功愿望！

知识万花筒

福冈市：位于日本九州的北部，是福冈县的县厅所在地。福冈市是九州地区最大的都市，拥有人口140万以上。许多政府机关及公司分社设于此地，和周边的地区共同组成了福冈都市圈。

纳斯达克：美国的一个电子证券交易机构，是由纳斯达克股票市场公司所拥有与操作的。纳斯达克的特点是收集和发布场外交易非上市股票的证券商报价，它现已成为全球第二大证券交易市场，目前拥有上市公司5400多家。纳斯达克是全世界第一个采用电子交易的股市，它在55个国家和地区设有26万多个计算机销售终端。

第26天／张明正

输得起才能赢得起

　　美国斯坦福大学的一项研究表明，人大脑里的某一图像会像实际情况那样刺激人的神经系统。比如，当一个高尔夫球手击球前一再告诉自己"不要把球打进水里"时，他的大脑里往往就会出现"球掉进水里"的情景。这一情景会指挥他的行动，结果事情不是像他希望的那样发展，而是向他害怕的方向发展——这时候，球大多都会掉进水里。

　　事实上，在这个世界上，很多人都有这种心态——只赢得起，输不起。但万事无绝对，有一个人就是个"异类"，这就是曾被美国《商业周刊》评为"亚洲之星"的趋势科技股份有限公司的董事长张明正。

　　张明正宣称自己从来不怕失败，而且热爱失败。他认为只有输得起的人才能赢得起。

　　张明正是台湾屏东人，从小就是个不循常规、不爱受拘束、爱玩爱闹的孩子，因此，少年时的他在别人眼中并不是个好学生。大学联考第一年失利，补习了一年，他才考上台湾辅仁大学应用数学系。

　　但也正是这段经历，造就了他不患得患失、勇于应付困境的性格，总是以"输得起"的态度看待生活。用他夫人陈怡蓁的话说："他觉得人生里他本来就是一个loser(输家)，所以他不怕失败，也没有什么面子不面子的问题。"

从辅仁大学应用数学系毕业后，张明正到美国宾州理海大学攻读电脑硕士。1979年拿到学位，他在美国当了一段时间的软件工程师。后来回到台湾，他又在台湾惠普做了两年的电脑研发工作。但他不习惯寄人篱下、受人管束，因此，最后决定自己创业。

1984年，张明正拥有了自己的第一间公司，他倾其所有和朋友合资买下美国一个资料库管理软件程序，将之改写为中文版后在台湾市场上销售。

1987年，全球第一只病毒C-Brain现身，这立刻引起了张明正的注意。他和当时唯一的一名员工谢光雄工程师开始研究这只病毒，后来C-Brain的恶性变种陆续出现，这更引发了张明正的收集兴趣。他企图找出它们的共通处，寻求防毒、解毒之道。张明正就这样一脚踩进了防毒领域，与病毒结下了不解之缘。

1988年，张明正在美国加州成立了趋势科技公司。但他们的行销战却打得非常辛苦。

1990年，趋势科技在赌城拉斯维加斯的一个交易会上设了一个小摊位展示病毒及防毒软件。有一只病毒像救护车一样在电脑屏幕上跑来跑去。而另外一种病毒会让屏幕上的字像下雨一样往下掉，张明正叫它小瀑布。很多人就像看游戏一样觉得很好玩，摊位前挤满了看病毒的人。可是并没有人去买防毒软件，因为此时的趋势科技既没有资源也没有品牌。

这让张明正有些挫败感，但他并没有气馁，他相信山不转水转。于是，他索性直接去找名满天下的英特尔公司。赤手空拳打天下，张明正抱着输得起的心态，反

人物博览馆

张明正：全球第一网络防毒公司趋势科技的创始人，曾两度获得美国《商业周刊》推选的"亚洲之星"称号。

知识万花筒

惠普公司，简称HP，是一家来自美国的资讯科技公司，成立于1939年，主要专注于生产打印机、数码影像、软件、计算机与资讯服务等业务。惠普现在已经成为世界上最大的科技企业之一，在打印及成像领域和IT服务领域都处于领先地位。

而使他得到了一个天大的好机会。

当时的趋势科技在美国还没有什么名气。张明正获悉英特尔的网络部门主管将在纽约参加一个研讨会，于是抱着试一试的态度去寻求合作。在被秘书挡了几次门之后，他仍坚持不懈前去求见。最后一次，他在门外等了5个小时之后，终于得到20分钟和英特尔网络产品策略副总派克先生的会面机会。

讲究效率的派克先生一见面就开门见山："抱歉让你久等，但是我真的只能和你谈20分钟。"但张明正并没有介意，他以"输得起"而无所顾忌的心态向对方推销起了自己以及自己的产品。那时候英特尔的策略是要让电脑进入千家万户，要让很多人买电脑，而这唯一的办法就是让它们联成网。如果电脑网络里面有病毒的话大家就不敢摸电脑了，所以派克被趋势的产品打动，于是20分钟变成了2个小时，最后双方一拍即合。英特尔买下趋势科技的防毒软件在美国和欧洲5年的总代理权，还允许其借用英特尔的品牌行销。

与这么一家名不见经传的小公司合作，这在英特尔的历史上可说是绝无仅有的。但张明正说，很多事不是不可能，而是你敢不敢放下面子去尝试，他当时的想法就是："大不了他们不理我嘛！反正我也没有什么损失。"

但此次的合作成功，并没有让张明正高枕无忧。有远见的他已经意识到在美国强敌环伺下，趋势科技很难在资金与知名度上与对手匹敌。因此，他又做了一个大胆的决定——另辟战场，暗渡陈仓。

这次他选择的是日本。他看好日本是因为它是亚洲最富有的市场，在日本的竞争对手也相对较弱。不会说日语的张明正决心带全家到日本去闯荡，当陈怡蓁问他："不会说日语，人生地不熟，怎么闯？"

张明正的回答很有气魄："这些都不是问题，失去先机才是问题。"

1992年9月，初到日本的张明正并购了东京的一个小公司，重组后只保留8名员工。他不断用新的创意尝试创造销售量，在短短两年内就打开了封闭的日本市场，现在日本已经成为趋势科技的主力市场。

当年的一个闯荡念头带来了今日的称霸东瀛。张明正对此戏言："我们在日本的成功，主要是因为我们在美国的失败。"

在切身体验的基础上，随着趋势科技的逐步完善壮大，张明正更是把"输得起""敢于失败"作为企业文化在员工中推广，他说："经营风险重重，当今尤甚。但最大的危险莫过于让员工失去失败的勇气。"

趋势科技在培养人才的做法中有所谓的"深海游泳训练"，即把人才丢到深海里，置之死地而后生。不过，在这样做的时候，岸上会有救生圈随时准备抛出，那就是公司的团队合作精神，以及容许犯错、不怕失败的哲学。

趋势科技的新员工所受到的第一项训练是接受"敢于失败"的教育。他们会看到老员工们在小组会议上站起来，承认自己犯了什么错误，从中汲取的教训是什么。通过这种训练，新员工很快认识到失败并不可怕。

张明正直截了当地告诉员工："我们热爱失败。"他解释道，"在我们公司，这意味着让聪明人制造和接受变革，还要容许失败，因为变革必然伴随失败。"

每一个成功企业家的成功路都是不平坦的，总会遇到各种坎坷，因此要想成为出色的企业家就必须像张明正一样抱有"输得起"的心态，因为只有"输得起"的人才能凭借自信、勇气、大度和坚韧，一次又一次地努力与奋斗，最终成为大赢家。

知识万花筒

英特尔：即英特尔公司，是全世界最大的半导体芯片制造商。英特尔公司于1968年成立于美国。1971年，英特尔推出了全球第一个微处理器。微处理器所带来的计算机和互联网革命，让整个世界为之改变。

暗渡陈仓：指表面上迷惑敌人，而从侧翼进行突然袭击。比喻暗中进行活动。陈仓，古县名，在今陕西省宝鸡市东，为通向汉中的交通要道。这个成语出自《史记·高祖本纪》。"明修栈道，暗渡陈仓"是中国古代战争史上的著名成功战例。

第27天／柴永森
高度的敬业精神

　　提起柴永森的名字可能很多人会感觉陌生。那么海尔集团我们总应该熟悉吧？柴永森就是海尔集团的常务副总裁兼海外推进部部长。

　　柴永森，山东青岛人。1984年，他从华东理工大学毕业，被分配到了离家很近的青岛电冰箱总厂。当他满怀喜悦的心情到公司报到时，却发现公司的状况与自己想象的相差太远了，厂房低矮，设备陈旧，这让他有些失落。他这才发现，与那些出国和进入大城市大单位的同学相比，他是班里分配得最差的学生。

　　来到电冰箱总厂后，柴永森成为开发引进办的一个小科员。柴永森是一个踏实稳重的人，当他一旦决定在公司待下来后，就立刻全身心地投入到工作当中。对于上级分配的所有任务，他都会认真、仔细地去执行，按他的话说就是"让干什么首先就得干好什么"。

　　有一年，柴永森到安哥拉参加谈判，他下了飞机后就直奔谈判场所，连稍稍休息一下都没有。谈判当中，柴永森机智灵活的谈判风格给在场的人留下了深刻的印象，而其尽力维护企业和客户双方利益的态度更让对方对他赞赏不已。但最让中国驻安哥拉大使肖先生大为叹服的却是他高度的敬业精神，事后他给海尔公司发来传真："柴永森同志不辞辛苦，下了飞机就马上与客户展开谈判，这种敬业精神太令人感动了。"

凭着自己的聪明、踏实以及对工作的认真负责，柴永森的职位一步一步向上攀升。

1997年3月，海尔兼并了已经停产两年的广东爱德洗衣机厂，公司派已升任为公司总经理的柴永森出马负责此事。

在与广东爱德集团组建顺德海尔电器公司的时候，张瑞敏问当地领导："恢复生产要多久？"

那位领导看着停产近两年的生产线，想了想说道："最快也要9个月。"

柴永森这时却坚定地说道："时间太长了，在两个月内一定要完成这一目标。"

那位领导瞪大了眼睛，像听到"疯话"一样，摇着头说道："这不可能，在顺德，9个月已是最快的速度了。"

柴永森听后只是笑了笑，并没有说话。

柴永森不是一个喜欢说大话的人，他既然如此许诺，就一定是早已胸有成竹。

为了让顺德海尔尽快投产，柴永森决定市场、开发、车间改造三管齐下。为了能更好地和部下沟通，他和大伙儿一样住在一天30块钱的招待所里，而不是住在爱德集团为领导安排的宾馆里。每天早上，当人们匆匆穿过马路上班时，柴永森——一个堂堂的集团总经理正带领着他的一班干将在路边小摊上匆匆吃着早餐。

吃完早餐，柴永森又投入到工作当中。他每天都和顺德海尔公司的其他干部、职工一同下车间、一同加班、一同在食堂就餐。一连30多天，他忙得连和家里打

人物博览馆

柴永森：1963年出生于山东平度，现任海尔集团高级副总裁。

知识万花筒

华东理工大学：是1952年由上海交通大学、震旦大学等几所学校的化工系合并组建而成的新中国第一所以化工特色闻名的高等学府。经过半个多世纪的改革与建设，华东理工大学现已发展成为特色鲜明、多学科协调发展的研究型全国重点大学。

个电话的时间都没有。

一天，柴永森在车间里问公司的一名技术人员："这条生产线改造得怎么样了？"就在这时，一名工人走过来说："柴总，您的电话。"

"等一下，我先去接个电话。"柴永森向技术人员面带歉意地打了声招呼。

来到电话机旁，他拿起电话："喂，您好。"

"永森，是我。"电话里传来妻子的声音。

"哦，是你啊，家里还好吗？"

"嗯，还好。我本来不想打这个电话，我知道你很忙，可是女儿发高烧，一直嚷着要'爸爸，爸爸……'"说到这里，妻子的声音变得哽咽起来，"你能不能抽时间回来一趟？"

听着电话里妻子近似哀求的声音，柴永森的眼眶红了，眼泪直在眼中打转："辛苦你了，但是不行啊，工厂马上就要投产，员工等着我发工资呢！"

"那……你就先忙吧，在那边要注意身体，别累坏了。"通情达理的妻子理解地嘱咐道。

"我会注意的，请你告诉女儿，我很快就会回去看她的。"

挂了电话，柴永森稳定了一下情绪，又回到了工作岗位上。

第42天，顺德海尔的第一台洗衣机下了生产流水线，不到两个月，恢复生产的目标就完成了。这在当地引起极大的震动，媒体将他们称为"可怕的海尔人"！

这就是柴永森，为了工作，为了公司，他埋头苦干，甚至连女儿生病时都抽不出时间去看一眼。从1984年进厂到现在，20多年如一日，他几乎没有休息过。和他谈话，说不了几句就会转到海尔上，他好像恨不得让所有的过去和未来都写满"海尔"两个字。

1999年，36岁的柴永森升任为集团常务副总裁兼海外推进部部长。这个当年全班分配最差的学生，如今已成为海尔集团的核心人物之一。

如果在大学毕业时有人预言柴永森会成为中国最有名公司的领导人，可能没人相信，因为连柴永森自己都不相信。大学时的他并不是很出色，既不是班干部，也不是活跃分子，除了有点调皮之外，没有什么值得令人回忆的东西。可是后来柴永森不普通了，他成了一个中国著名企业的副总裁，那么这期间的变化是怎么发生的呢？

关于这一点，连柴永森自己也说不清楚，因为在他看来这很简单：干呗，让干什么就干好呗！多么朴实的话，但就是这简单朴实的一句话，却包含了一种对工作的态度，那就是敬业。是高度的敬业精神令柴永森取得了今天事业上的巨大成功。

美国伟大的职业成功学家詹姆斯·H·罗宾斯说："敬业，就是尊敬、尊崇自己的职业。如果一个人以一种尊敬、虔诚的心灵对待职业，甚至对职业有一种敬畏的态度，他就已经具有敬业精神了。但是，他的敬畏心态如果没有上升到敬畏这个冥冥之中的神圣安排的高度，没有上升到视自己的职业为天职的高度，那么他的敬业精神就还不彻底、还没有掌握精髓。视自己的职业为天职的观念使自己的职业具有了神圣感和使命感，也使自己的生命信仰与自己的工作联系在了一起。只有将自己的职业视为自己的生命信仰，那才是真正掌握了敬业的本质。"

"业精于勤而荒于嬉。"敬业的人不会整天混日子，虚度光阴，为了胜任工作，他们会积极调动自己的聪明才智，补基础、查资料、练技术、攻难关，为学而做，做中求学。这样，他们在学识和业务上就会不断地进步。

人物博览馆

詹姆斯·H·罗宾斯：美国伟大的职业成功学家，美国敬业精神的阐释者。他的代表作品是《敬业》，该书一经出版就深受全世界企业界追捧，成为全球企业界最负盛名的员工精神培训手册，全球累计销量已超过2亿册。

知识万花筒

"业精于勤而荒于嬉"：意思是说，学业由于勤奋而精通，但却荒废在嬉笑玩耍中。引申为做事情由于经过反复思考而取得成功，却因随随便便而毁灭。出自唐代韩愈的《进学解》："业精于勤，荒于嬉，行成于思，毁于随。"

年　　月　　日

第28天／谭旭光

社会责任感不可或缺

美国第35任总统约翰·肯尼迪曾经说过："一个人做他所要做的——无论要承受什么样的结果，无论任何阻难、危险与压力——这即是人类道德之本。"

约翰·肯尼迪所说的"人类道德之本"其实就是指人类的社会责任感。

社会责任感从广义上说是指个人、组织对自己、他人、家庭及社会所应承担的责任，从狭义上说是指个人、组织对社会的责任。

听到"社会责任感"这几个字，可能很多人都会嗤之以鼻。是啊，在这个物欲横流的社会，在这个充满各种诱感的社会，有多少人还存有社会责任感呢？放着好生活不去享受，专拣困难去挑，这种人不是傻子吗？但这种"傻子"确实存在，他就是潍柴动力的董事长兼CEO谭旭光。

1998年，上级经过研究，决定任命谭旭光为濒临倒闭的潍柴厂的厂长。此时，谭旭光正在山东潍柴进出口公司任总经理一职，他早已将潍柴的柴油机打入国际市场，4000万美元的出口额让无数人眼红，其所在的公司是当时机电行业的创汇大户。就在他干得热火朝天时，上级却将他调到一个面临倒闭的工厂，因此，当这纸任命书落在谭旭光头上时，他犹豫了。

谭旭光的犹豫不是没有理由的。此时的潍柴厂欠税、欠息、欠费、欠工资3亿元，亏损8000多万元，近1.4万名员工连续6个月没有拿到工资，数千台发动机堆在库房里成了积压品，流动资金干枯，企业命悬一线。这样的担子谁敢去挑，谁又愿意去挑？当然，谭旭光完全可以拒绝去挑这副重担，谁又能责怪他什么呢？但谭旭光经过深思，最终仍然决定接下这副重担。

就这样，37岁的谭旭光走马上任，成为潍坊柴油机厂的新任领导人。

1998年6月27日早上10点，潍坊柴油机厂召开千人大会。礼堂里坐满了黑压压的人群，坐在主席台上的谭旭光此时的心情异常沉重，他感到了肩上的责任很重。

"下面请咱们的新厂长谭旭光讲话。"台下一片热烈的掌声响起。

"旭光，该你讲话了。"旁边的人轻轻捅了捅仍在沉思的谭旭光。

"啊……怎么了？"

"该你讲话了。"

"哦，好。"谭旭光这才回过神来，快步走到台前。

"同志们，我先作个自我介绍。我叫谭旭光，1977年大学毕业后就来到了这个厂，一直到现在，可以说是老潍柴人了。我父亲也曾经是这个厂的工人，所以我对咱们潍柴是有很深厚的感情的。"

"咱们厂是一个有着50年历史的老国企，全厂职工有近14000名，是个大企业。由于产品老化，再加上制度方面缺乏改革和创新，现在厂里面临着前所未有的困境……"正当谭旭光讲话时，突然下面有人喊了一句："谭厂长，什么时候给我们先发点工资啊？我们都快吃不上饭了。"

人物博览馆

约翰·肯尼迪：1960年当选为美国第35任总统，成为美国历史上最年轻的总统。1963年11月22日，在达拉斯，肯尼迪遇刺身亡。

谭旭光：现任潍柴动力股份有限公司董事长。分别于2005年、2010年两次当选为"CCTV十大中国经济人物"。

"是啊，什么时候给我们发工资啊？"人群中很多人也跟着喊了起来，一时间，礼堂显得有些乱。

"大家静一静，我知道大家都很关心这个问题。"谭旭光挥手示意大家安静下来。

"大家提的这个问题也是我上任后面临的首要问题。我知道大家已经有6个月没发工资了，有些甚至还是一家人都在这个厂上班。我了解大家目前的困境，也理解大家激动的情绪。"说到这里，谭旭光停顿了几分钟，目光巡视了一下坐在台下的人群。他发现大家都在静静地听着，目光中充满了渴望。1万多人的饭碗在等着他啊！他定了定心，接着讲道："现在当着全厂职工干部1000多人的面，我给大家立下军令状：7月10号之前我一定给大家先补发两个月的工资，如果到时不能兑现，大家可以免了我这个厂长的职务。"

"好。"台下顿时响起了雷鸣般的掌声。

既然立下了军令状，就要想办法筹钱。当时，公司账上只有8万块钱，对于一个上万人的大厂来说，这只不过是杯水车薪，解决不了任何问题。怎么办呢？只有到银行贷款。

按说，一个企业贷款，这是很正常的事。何况潍坊柴油机厂还是一个大型的国企，贷款应该不难。但现在的潍柴正处于内外交困之中，内外债达3个亿，亏损累计也已经超过3个亿，这加起来就是6亿多。6亿，这是个多么庞大的数字啊！哪个银行敢给这样的企业贷款呢？这种企业想翻身太难了，搞不好的话，银行的钱就会打水漂了。所以银行也有银行的考虑。

这些道理谭旭光都明白，但是全厂1万多人在看着他，即便再难，他也要试一试。

7月9日，谭旭光早早就来到了银行，进了银行，他直奔行长办公室。

"我是潍坊柴油机厂的谭旭光，我想贷1千万。"谭旭光走进办公室后，直截了当地说明了来意。

"潍坊柴油机厂？你们厂现在资不抵债，谁敢给你们贷款啊？"行长一听"潍坊柴油机厂"这几个字，立即回绝了他的贷款请求。

"我就贷1千万。"

"1分钱我也不能贷给你啊。好了，不要说了，你回去吧。"行长不由分说就把谭旭光推出了门外。

怎么办呢？银行不给贷款，厂里的职工还在等着自己拿钱回去呢！他们将希望全部寄托在了自己身上。一想起那数万双盯着自己时充满希望的眼睛，谭旭光就感到肩上的担子愈加沉重。

"不行，我今天一定要把钱贷出来，哪怕是磨也要磨出来。"谭旭光暗暗拿定了主意。

他站在行长办公室门口，打算这样一直等下去。大概等到下午两三点钟，行长的门开了："哎，小伙子，你怎么还没走？"

"我还没贷到钱，厂里的职工还在等着我，我不能走。"

"不是我们不贷给你，你也要理解银行的难处。别等了，这件事也不是我一个人说了算。"行长下了最后通牒。

"行长，您就贷给我们吧，我们厂职工已经6个月没发工资了，大家都没钱吃饭了。我保证，我们一定会还上这笔钱的。"

"我知道你们厂很困难，但我也无能为力啊。唉！"行长无奈地叹了口气，关上了门。

又过了三四个小时，行长再次开了门，这次他把谭旭光叫进了办公室。

"你就是新上任的谭厂长吧？刚才上面来电话了，让我们尽量支持你们，你的款我批了。"

"真的，太谢谢了！您可解决了我们厂的大问题啊！"谭旭光激动地握着行长的手一再感谢。

"小伙子，好好干吧！冲你今天在这儿等一天的这股劲儿，我相信你一定能把企业搞好。"

第二天，谭旭光准时把钱发到了大家手里。但从此以后，他就再没贷过款。这件事对他的触动太大了，从贷到款的那一刻起，他就暗暗发誓："我一定要把厂子搞活，用公司的钱给大家发工资，这是我的任务，更是我的责任。"

解决了工资问题后，有过十多年贸易经验的谭旭光开始对这个机构庞大、官僚臃肿的病体进行大刀阔斧的改革。

谭旭光把改革的第一刀砍向了人事制度。全厂34个管理部室被削掉了13个，349名科级以上干部被免职，400多名管理人员被分流，3000多个岗位被取消或合并，1700名空余人员被重新安置，全厂从1.4万人优化到7000人，从700

多名管理干部减到只剩200多名。

其次，在产品结构上实行战略转移。长期开拓海外市场的经验，培养了谭旭光敏锐的市场眼光和准确的判断力。他认为，说一千道一万，企业生存的根本关键是要有适应市场需求的产品，潍柴若要彻底摆脱市场困境，必须在产品结构上做调整。

1999年，谭旭光把眼光投向了工程机械市场，当其他的竞争对手还在睡觉的时候，潍柴已经占有了30%的市场份额。后来，这一切被中国的工程机械行业称作一次"动力提升的革命"。

两年半的努力终于有了回报。2000年12月30日，谭旭光召开全厂有线电视会议，向全厂职工宣布，从今天起，潍柴内外债没有了。

2001～2004年，潍柴的贸易额连续4年翻番增长，达到了100亿的规模。

2005年，谭旭光被评为"CCTV中国经济年度人物"。当谭旭光到台上领奖时，主持人问道："谭总，当初让你接下潍柴厂的动力是什么？"

"我觉得是责任感。"谭旭光肯定地给出了自己的答案。

是的，就是这种发自内心的社会责任感成为了谭旭光事业上进步的强大动力，而这种动力也让他一步一步走向成功。

而作为青少年的我们，是不是也应该具备像谭旭光这样的责任感呢？

知识万花筒

人事制度：指国家机关或事业单位对工作人员的录用、培训、考核、升降、调配、奖惩、离退休等方面的规章和条例。人事制度是关于用人以治事的行动准则、办事规程和管理体制的总和。广义的人事制度包括工作人员的选拔、录用、培训、工资、福利、监督、退休与抚恤等各项具体制度。狭义的人事制度指国家公务人员的任用、管理制度。

CCTV：全称中国中央电视台，简称央视，是中华人民共和国国家电视台。1958年5月1日试播，9月2日正式播出，初名北京电视台，1978年5月1日更名为中央电视台。中国中央电视台现开办有21套开路播出的电视节目，并拥有两个高清晰度电视频道，还同时开办了20多个数字电视付费频道和28个网络电视频道，播出内容几乎涵盖了社会生活的各个领域。

试着这样做

健康的心理素质是青少年全面发展的基础。良好的心理品质、健全的个性和人格，可以帮助我们赢得成功，走向成为企业家之路；反之，不健康的心理素质则会影响和遏制其他素质的发展。因此，心理素质的培养是很重要的。

1. 从小有强烈的成功愿望

要时刻告诉自己"我将来一定要成功，一定要成为企业家"，并坚信自己会成功，这种强烈的成功愿望会促使我们一步步向前迈进。

2. 不害怕失败，有输得起的心态

任何成功的道路都不是一帆风顺的，要想成功就会遇到各种坎坷。当事情发生的时候，明智的人先考虑的不是胜利，而是失败的时候该怎样解决和面对困难，想好了退路，有了心理准备再去做。

3. 有社会责任感

用负责任的态度来对待每件事情，哪怕是很小的、不值得一提的事情，都要持有负责任的心态。

4. 要有勇气面对挑战

从现在开始，以全部的热忱行动，抓住每一个机会去执行自己的决定，勇往直前，不轻易认输。

5. 有敬业精神

我们要成为企业家，就要脚踏实地，从现在做起，从身边做起。不要忽视任何一件小事，每一件事都要认认真真去做，并尽力做到最好。

6 学会有恒心

要理智地学会选择，明确什么要重视、什么要抵制，这样才能在这个浮躁的社会把持个性，让恒心发挥作用。

如果我们每一个人都能具备这些良好的心理素质，相信将来成为一名企业家并非难事。

年　　月　　日

阅读主题8：
不要忘了还有其他道路可走

跟我来阅读

　　人在没有成功时，往往没有自信，宁愿跟在别人的后面，不敢尝试新的路径。美国石油大王约翰·洛克菲勒如是说："如果你要成功，你应该朝新的道路前进，不要跟随被踩烂了的成功之路。"这个世界上，成功的人往往是那些敢于另辟蹊径的人。所以，当我们在一条路上止步不前时，要记得，还有其他的路可以走。

第29天／阿萨·坎德勒
敢于尝试才能造就品牌

　　这个陌生而又饶舌的名字是不为我们所熟知的，但正是因为这个人传奇的大胆尝试，才有了影响几代人的可口可乐的诞生。没错，他就是可口可乐公司的创始人——阿萨·坎德勒。

　　说到阿萨·坎德勒和可口可乐的关系要从他小时候说起。

　　坎德勒出生于美国南部的佐治亚州。他父母为了纪念家庭教师阿萨·W·格里格斯而给儿子取名为阿萨·格里格斯·坎德勒。

 人物博览馆

　　阿萨·坎德勒：1851年出生于美国佐治亚州，"可口可乐"之父。

小时候的阿萨就表现出了他的聪明才智，他拥有与众不同的好奇心和机灵敏捷的天性，他的一些想法常常让大人觉得不可思议。

　　1862年南北战争爆发，这时的坎德勒一家生活贫困，为了能吃饱饭，阿萨不得不靠自己的努力去赚钱。生活刚刚有了一点儿好转，内战又爆发了。阿萨没有读完系统的教育课程，就被迫去当了药剂师。在药店里，聪慧的阿萨自己学习了拉丁语、希腊语，并且非常认真地钻研医学书籍，常常自己做些小实验，这为他日后的成功打下了坚实的基础。

　　1877年，经过了7年的打工生涯后，阿萨与马塞勒斯·霍尔曼合伙成立了马塞勒斯—坎德勒药材批发公司。公司的运作非常不错，后来，阿萨通过自己的努力，摆脱了别人的控制，成了独立经营的商人。第二年，他与前老板霍华德的女儿露西·利齐·伊丽莎白在亚特兰大结了婚。

　　1882年4月，阿萨想扩大自己公司的规模，以便有更好的发展，于是和岳父乔治·霍华德联合成立了霍华德—坎德勒公司。但由于诸多原因，这家公司逐渐走向了衰退，经营了一辈子药材公司的老乔治也对此一筹莫展。

　　1890年里的一天，阿萨兴冲冲地找到岳父。阿萨对岳父说："想要救活原来的公司太难了，我想我们应该把所有的存货盘点清理出去，专门生产销售一种叫可口可乐的饮料。"看着老岳父一脸困惑不解的样子，阿萨给岳父讲了这样一件往事：

　　"1862年11月，那时我刚刚11岁。我乘坐一辆装满东西的货车，不慎从车上掉了下来，车轮从我头上辗了过去……这次事故给我留下了一个后遗症：偏头痛。我常常被头痛折磨得很难受。

　　"1886年，彭伯顿先生发明了一种药叫可口可乐。两年前，我的一个朋友建议我喝可口可乐试试。我照办了，果然，疼痛减缓了许多。后来，我不断地喝可口可乐，偏头痛竟然逐渐好转了。我认为可口可乐不仅具有医药价值，更具有商业价值，而且市场前景一定很好。而彭伯顿先生和参与生产、销售可口可乐原浆的人都不会做经营工作。我们何不转变经营方向，生产、销售可口可乐呢？"

"孩子，也许你说得对，去试试吧。"老岳父看着他坚定的表情，立刻同意试一试。

1898年8月30日，在付出了最后一笔款1000美元，加上上次的付款共2300美元之后，阿萨便成了可口可乐的主人。

可口可乐的生意迅速占领了佐治亚全州。短短几年后，又扩展到了全美国。

然而，阿萨并不满足于现状，他知道事业的发展不可能一帆风顺，必须要抓住机会，乘势而上。他要让可口可乐扎根于平常百姓的头脑之中。

他投入了大量的人力、物力做广告，大街上广告铺天盖地，墙壁上、公共汽车上、店门口——处处都有可口可乐的广告闯入人们的视野。而大把的钞票也进入了阿萨的口袋里。渐渐地，可口可乐公司成了家喻户晓的知名公司。

进入到20世纪，各方面的围攻接踵而来，社会上出现了许多关于可口可乐的负面消息。

"人们都喝可口可乐，我们酒类酿制业受到了极大的冲击。"一些酒业的老板禁不住抱怨道。

"可口可乐是一种兴奋剂，含有可卡因、咖啡因等麻醉剂。"一些人又煽动起了谣言。

亚特兰大的珀斯大夫还绘声绘色地讲了一个故事："有一个少年，他的具体年龄我忘记了。大概13岁左右，他习惯了每天喝十几杯可口可乐。他在这里的一个邮电局工作，后来失业了，再也没有钱买可口可乐。他在精神支撑不住的一天，来到我的办公室。"这等于批

知识万花筒

拉丁语：最初是意大利半岛中部西海岸拉丁部族的语言，和奥斯克·翁布利语同属古代印欧语系意大利克语族。拉丁语与希腊语同为影响欧美学术与宗教最深的语言，属于印欧语系意大利语族。历史上，拉丁语原本是意大利东南方拉提姆地方的方言，后来则因为发源于此地的罗马帝国势力扩张而将拉丁语广泛流传于帝国境内。公元5世纪初，罗马共和国定拉丁语为官方语言。

可卡因：别名古柯碱，人类发现的第一种具有局麻作用的天然生物碱，为长效酯类局麻药，能产生良好的表面麻醉作用。毒性较大，易于成瘾，使用剂量过大会出现中枢性呼吸抑制，并抑制心肌而引起心力衰竭。

评可口可乐含有成瘾性药物。

在各方面的压力下，可口可乐公司的销售受到了极大的影响，人们纷纷对可口可乐恐惧起来。而这时美国总统也专门建立了一个委员会，该委员会发布了一份文件，标题是："含有上瘾药物软饮料的危险"。这份文件把所有喝汽水、软饮料而产生上瘾表征的人一律称为"可口可乐瘾君子"。

负责实施新的《纯洁食品和药物法》的联邦官员哈维·威利查封了可口可乐公司的一批货，他要求可口可乐公司把可口可乐的咖啡因和可卡因成分去掉。

阿萨不甘屈服，于是他请弟弟约翰·坎德勒做辩护律师。这场旷日持久的官司从1911年3月13日开始，第一审赢得胜利后，一直持续到1918年，以政府和可口可乐公司在法庭外和解结束，前后历时7年。

官司没打完，可口可乐公司却名声大噪。法庭的裁决，等于免费为可口可乐公司做了一次广告宣传。

在"山穷水尽疑无路"的时候，聪明的阿萨选择了另外一条通向成功的路。也许当时，阿萨的想法仅仅是尝试着扭转药材公司的现状，但就是他这样一个大胆的尝试，才让幸运与财富之神眷顾了他，使他铸造了这样一个世界性的品牌。以至于，在两个世纪以后，人们还在受益于阿萨当时的创新尝试。

也许，我们不会有这样的机会创造一个跨世纪的品牌，但留心于生活，大胆地发现生活、创造生活，生活同样会给我们带来不小的惊喜。

当我们打开一瓶可口可乐一饮而尽的时候，说不定也能受到一些启发呢。

年　月　日

第30天／张茵

选择比努力更重要

不要小看一株草，也不要小看一粒种子，它们的背后也有着动人的故事，蕴藏着无穷的生命力。而这个道理一样也可以适用于事业上：选择好适合自己的土壤，生命力才会顽强，才能茁壮成长！

美国著名的小说家海明威曾经说过："每个人生下来都要从事某项事业，每一个生活在地球上的人都有自己生活的义务。"

这句话每个人都懂，可是并不一定每个人都做着那份属于自己的事业。只有不安于平庸的生活而又勤于思考的人，才会真正去思考、探索和选择生活中隐藏的那份属于自己的事业。

张茵，正是这样一个勇于探索属于自己的事业的人。

也许谁也不会想到，张茵——这个奇迹的创造者，竟然是从一份在很多人看来肮脏而卑微的工作——回收废纸起步的。可是，令人意想不到的是，正是因为放弃了原有的"铁饭碗"，从事了这个被人认为不起眼的行

人物博览馆

海明威：美国小说家。代表作品有《老人与海》《太阳照样升起》《永别了，武器》《丧钟为谁而鸣》等。凭借《老人与海》，海明威于1953年获得普利策奖，1954年又凭此作品获得诺贝尔文学奖。

业，张茵才为自己谱写了一曲纸中淘金的人生赞歌。

祖籍黑龙江省鸡西市的张茵，出生在广东，是8个兄弟姐妹中的老大。父亲是一个普通的军人。因为家庭并不富裕，所以张茵很能吃苦耐劳。平时，除了照顾比自己小的弟弟妹妹外，她还经常帮助母亲做家务。即便这样，她也从没有耽误过功课。

中学时，她每天都得走上十几里山路去上学，平时还勉强可以，但是一遇到下雨天，那辛苦就可想而知了。

一次，张茵一大早去上学，走到半路上却下起了瓢泼大雨。泥泞的山路上，一不留神，随时都有滑出几十米的可能。然而，张茵却依然打着雨伞，一步三滑地蹭到学校。到学校时，张茵早已经是一身泥水。看到自己手中的书包和书本都被自己保护得好好的，没有淋湿，张茵露出了欣慰的笑容。

就这样，张茵的成绩始终名列前茅，从来没有因为上学辛苦而旷过课。也是这份毅力，帮助她在以后的商业上成就了一番伟业。

事情往往不尽如人意，虽然张茵学习成绩很好，但由于家庭条件不太富裕，所以张茵很晚才有机会进入大学深造。大学毕业后，张茵应聘到深圳一家企业工作。她在单位里勤勤恳恳地工作，业绩一直很不错。

一个有思想的人，才是一个真正力量无边的人。

1985年，年轻而又不甘于平凡的张茵，终于有了自己的想法，她想开辟一番属于自己的新天地。因此，年仅27岁的张茵，毅然放弃了内地优厚的条件，随身只带了3万元人民币，到充满机遇与挑战的香港闯荡，寻找新的机会。

如今事业已经取得了成功的张茵在回顾往事的时候，深有感触地说："刚刚开始创业的时候确实非常艰苦。"

有人说："人生就像是一张白纸，经历是我们的画笔。"人生路要怎样走，掌握在我们自己手中。无论从事什么行业，都可以享受伟大的成功。也许我们人生路的起点不起眼，也许我们从事的行业不够精彩夺目，可是，这并不影响我们变成时代英雄——企业家。往往，在小行业里会出现大英雄。充满传奇色彩的张茵，不就是从一条"小路"走上了光明大道的吗？

抛弃了原来的"铁饭碗"，张茵两手空空，带着3万元人民币开始闯世界。她也曾迷茫过，可是那份对未来的信念时刻提醒着张茵：她的选择是对的。走在繁华的大都市，看着在路上行色匆匆的上班族，张茵一直在思索着，自己应该做什么？

大家也许并不知道，直到一位"师傅"的出现，才给张茵的生活带来了希望之光，也正是这个师傅的几句话，使张茵走上了一条与众不同的纸中淘金之路，为她打开了一扇成功之门。

当时，是内地的一个造纸厂厂长——也就是张茵口中的师傅，把张茵领进了这一行的。对于一个曾经有着让人羡慕的工作的人来说，虽然放弃"铁饭碗"的时候就抱定了要吃苦耐劳的决心，可是想到要去从事回收废纸的工作，年轻的张茵刚开始也并不愿意。

直到师傅对张茵说的一席话，才让张茵下定决心走这条纸中淘金之路。

那是在一个傍晚，夕阳下，张茵正与师傅一起整理昏黄发霉的废书、旧报纸，空气中都弥散着一股发霉的味道。看了看身边的师傅，张茵叹着气，说："唉，整天和这些东西打交道，什么时候能有出息呢？"师傅也理解张茵此时的心情。一个爱清洁的女孩子，怎么会愿意和这些废纸打交道呢？

可是师傅知道，这些废纸意味着什么，他说："不要小看了那些肮脏的废纸，其实它们就是森林，而且造

人物博览馆

张茵：玖龙造纸有限公司董事长。2006年3月，玖龙纸业在香港上市，张茵以拥有财富270亿的身价荣登胡润百富榜第1名，成为中国第一位女首富。

知识万花筒

铁饭碗：顾名思义，饭碗乃铁所铸，坚硬非常，难于击破。比喻非常稳固的职位，永远不会失业的工作。一直以来，"铁饭碗"都是为人们所羡慕和追求的，若捧得此碗，从此便可衣食无忧，生活幸福。

纸业以后肯定是要从资源造纸向再生纸发展的。"

听了这句话，张茵心里立刻一颤，心想：对啊，对于造纸行业，这就是森林。中国虽然地大物博，森林覆盖面积也相当可观，可是平均到每个人头上就很少了；再说，"变废为宝"一直是世界上各大环保组织大力倡导的。而且在废纸的回收再利用方面，中国做得还相当不够。一时间，张茵意识到发现了巨大的商机，在她看来，这些废纸里面藏着灿灿黄金。

颇有经济头脑的张茵听了师傅的这番话，心有所悟。她现在明白了，其实回收废纸这个行业是非常有发展前途的。对于造纸行业来说，那些发霉的废纸确实是森林。因为那些发霉的报纸书籍，是完全可以再变成人们手中一张张洁白的纸张的。

精明的张茵看准这个当时属于比较"冷门"的市场后，就迅速入了行，开始着手从事废纸回收贸易。她一边工作，一边留心观察同行是如何运作的。就在这时，细心的张茵发现从香港进口的纸浆，品质不高，而且有很大一部分存在弄虚作假的成分，因此她特别希望能够改变这个现象，于是她更加兢兢业业地投到工作中，并且始终坚持品质第一，摒弃了很多奸商往纸浆里掺水的做法。

经过张茵的一番苦心经营后，她的事业做得非常成功。没过多久，张茵就在广东开设了一个纸品工厂，她的事业也因此渐渐步入了正轨。

张茵的生意越做越大后，她有了自己的梦想，那就是做一个"废纸回收大王"。然而香港只是一个小岛屿，它产生的废纸数量、资源和废纸品质并不能使张茵实现这个梦想。张茵知道要实现自己的梦想必须去更广阔的空间闯一闯。

于是，1990年2月，她就与丈夫刘名中一起，带着心中的梦想，到造纸业全世界最发达的国家之一的美国去闯荡，并在那里建立了美国中南控股公司。这个美国中南控股公司，专门为她在中国创办的工厂购买并提供可以回收的废纸。就这样，张茵开始了她人生的又一次新的创业。

到了美国以后，她依靠敢于经营的智慧和工作多年累积下来的过硬的专业技能，在漫长的10年里，使中南控股集团的装箱出口量，达到全美排名第一。

在胡润版"2006中国大陆百富榜"的排名中，张茵以拥有财富270亿的身价荣登第1名，成为中国第一位女首富。

可能有人说张茵从事的事业太小，但在事实面前，有几个人的成功大过她呢？其实平凡的行业中往往蕴藏着伟大。立足自己的行业，把握市场动态，我们就会发觉：创业并不难。

对于想成为企业家的人来说，选择比努力更重要！

是的，也许成为企业家的路有很多条，但是适合自己的可能就只有一条。当我们选择对了的时候，在未来的某一天，就会发现：不知不觉中，自己已经如一艘乘风破浪的大船，在波涛汹涌的大海中，自由前行了！

知识万花筒

香港：地处珠江以东，与广东省深圳市相接，是一座繁华的国际化大都市。1842年至1997年，香港是英国的殖民地，1997年7月1日，中国开始对香港行使主权。香港是中西方文化交融的地方，为全球最安全、富裕、繁荣的城市之一。香港是国际重要金融、服务业及航运中心，是继纽约、伦敦后的世界第三大金融中心，有"东方之珠""购物天堂"等美誉。

年　　月　　日

第31天／威尔逊

思路决定出路

　　人们在生活中，常常会遇到一些不如人愿的事情，比如吃饭时餐厅卫生不好，去买东西品种不全等等，但我们可能没有想到，这里面也藏着无限的商机。那么，这里究竟有什么商机呢？就让威尔逊的成功经历给我们一点儿提示吧。

　　说到威尔逊，我们也许不熟悉，因为他是20世纪初的美国人。

　　威尔逊，于1913年出生于美国，1952年首次创建"假日客栈"，成立了美国假日客栈有限公司。由于遵循"处处想顾客、事事求创新、时时求进步"的竞争原则，威尔逊的"假日客栈"旅馆网很快遍布美国50个州、世界近50个国家，经营的旅馆数高达1700多家、客房30万间，房间利用率也常常接近100%。因此，威尔逊当之无愧地被称为"假日客栈之父"。

　　威尔逊并不是一开始就从事旅馆业的。故事得从1951年的一天说起。

　　那是一个天气不错的周末，38岁的建筑商威尔逊携带母亲、妻子和5个孩子，驾驶着汽车，兴高采烈地到华盛顿游玩，打算在那里度过一个幸福、快乐的周末。但是，就在全家人玩得都很疲惫，被安排到一间旧客房时，威尔逊的小儿子不禁哭闹起来，就连威尔逊本人也皱起了眉头。屋子里的用品又黑又脏，家具陈设简陋，甚至发出霉臭味……全家人只好挤在又暗又臭的旅馆里过夜。白天大家玩了一天，都累了，尽管心里不满意旅馆的安排，但也都睡下了。

只有威尔逊没睡，他心里想：这家旅馆怎么会这样，不是应该竭尽全力为顾客着想吗？现在，生意人和游客乘坐火车外出的越来越少，大多数人都乘汽车四处游玩，汽车已日益成为主要代步工具，应该为那些喜欢沿着公路观赏风景、消磨时光的旅客提供舒适的食宿条件和周到的服务。现在，国内的旅馆业这么不景气，为什么不能想个办法来改变一下现状呢？

于是，威尔逊想到了要创办"假日客栈"。而事实上，这"假日客栈"也无处不显露着威尔逊的"新"意。

首先，威尔逊所经营的"假日客栈"，本着处处为顾客着想的原则，旅馆中不设"经理"，而设"客栈管理人"。因为有困难时，大多数人不愿意劳烦经理，而客栈管理人就平易近人得多，可以亲切热情地同客人打成一片，实实在在地为客人提供方便周道的服务。

其次，旅馆中绝不能出现"没有房间"这个标志。因为这不仅意味着不亲切，还意味着不要人家来。人家只要肯来，"假日客栈"就一定要请他进来；即使真的没有房间，也一定要帮助他们另外安排一个好住处。比如，很多生意人常乘飞机来"假日客栈"聚会，一开完会立即搭飞机离去。因此，"假日客栈"便可以将同一个房间白天租给聚会的人小憩，晚间租给过夜的旅客休息。

知识万花筒

客栈：在中国古代，指酒店。古时候，人们出外远行需要找地方投宿，提供这些地方供人暂住的就称为客栈。现在，客栈一词已由现实的东西转为"聚脚地"的代名词，网络上的聊天室或讨论区也有称为客栈的。

华盛顿：全称华盛顿哥伦比亚特区，是美国的首都，因美国首位总统华盛顿而得名。位于美国东北部，靠近弗吉尼亚州和马里兰州。

"假日客栈"的一大特点是独树一帜，勇于开拓创新。

威尔逊将房间设计得光线明亮，色调柔和，让旅客充满亲切感。在房间里装上空调，放上电视机，这样，游客在饱览沿途风光后，晚上还能享受到有趣的节目，就不至于感到寂寞。另外，他还专门为孩子们增加了不少服务项目。于是，因为"假日客栈"常常会给人惊喜，所以很多人都会慕名而来。

有一次，一对老夫妇为了参观一下人人都赞不绝口的"假日客栈"，专门开车来住上一晚，当然，他们还带来了家里的特殊一员——小狗科比。起初，这对老夫妻看到这家其貌不扬的客栈稍稍有一些失望，然而，"假日客栈"周到的服务让他们欣喜不已。因为他们发现客栈里甚至还设计了为旅客的小狗居住的免费狗舍……这些设施，在当时来说，都是非常令人惊奇的。

那时，美国旅馆业的服务项目较少，难能可贵的是，威尔逊在"假日客栈"不仅增设了很多旅馆业的服务项目，还新创设了一些与旅馆业相关的项目：设有直接面向市场的专门生产餐馆和厨房设备的工厂，方便为各地的"假日客栈"服务；办有印刷厂，虽然开始仅印刷各地"假日客栈"的菜单、客户指南、信纸、明信片等，但后来很快扩展为"假日客栈印刷公司"，成为美国较大的印刷企业之一；添设有食品加工业务；开办商店，销售的商品从日用品到彩色电视机等百货用品应有尽有，可谓品种齐全、服务周到。

此外，威尔逊"假日客栈"的另一大特点是不满现状。

威尔逊在要求服务管理方面极其严格。他的"假日客栈"决不允许任何一家分店毁坏整个企业的名誉。为了使世界各地的每一家"假日客栈"各方面服务到位并且都符合要求，公司特别设立了"客栈管理人学校"，大量培养有用之才；设立视听教材部门，专门为拍摄各种训练影片之用，内容方面，从正确的倒酒法到怎么管理游泳池，面面俱到。公司还经常派人员去巡视检查各地情况，若看到什么地方不符合要求，就立即提出警告，并且限期改进。

与时俱进的威尔逊敏锐地看到旅行行业很快就会步入航空时代，为适应社会进步潮流，他开始在飞机场附近建造"假日客栈"。其实，现在的许多假日酒店，都是按照"假日客栈"的模式发展起来的。

用"假日客栈之父"来描述威尔逊是再准确不过了。然而，成就他事业的起点，就是那一次旅行的住宿。而像这样的经历我们或许也有过，但它可能并没有引起我们的思考。

不要放弃任何一个发现问题、改变现状、创造未来的机会，因为那是我们离成功最近的时候。

知识万花筒

明信片：不用信封，贴邮票就可以直接投寄的载有信息的卡片。明信片的问世源于1865年。当时有位德国画家在硬卡纸上画了一幅极为精美的画，准备寄给他的朋友作为结婚纪念品。但因邮局的信封装不下，一位邮局职员便建议他直接将收件人的地址、姓名等写在画片背面寄出，结果，真的寄到了朋友手里。世界上第一张自制"明信片"便由此诞生。

第32天／张近东

在"变"中求发展

　　世界上80%的财富掌握在20%的少数人手中。这看似不平等的等式，说明了一个简单的道理：如果想拥有财富，就要有过人之处。纵观世界上的富豪们，在创业起家的过程中，敢于在变化中求发展的人乃十之八九。张近东就是其中的典范。

　　那么张近东是何许人呢？我们如果听说过苏宁电器——这艘家电业界的航母的话，就应该知道张近东是它的掌舵人。

　　20世纪90年代初，中国家电市场的现状是供不应求。而现在司空见惯的空调，对那时的中国人来说还是奢侈品，在家电市场上的占有率很小。但是，就是这个曾经在南京市鼓楼工业公司工作的普通员工——张近东，却看到了大市场。

　　张近东在工作之余，为了能多赚一些钱，私下里承揽了一些空调安装工程，并且因此获得了人生的第一桶金。在和客户、商场打交道的过程中，他看到了当时国有大商场代销制的弊端。于是，张近东勾画出了一条走买断经营、现钱拿货、卖不掉自担风险的路，因为这样厂家能给他最大优惠。同时，张近东也看准了"空调行业服务量大、价值高"的前景，他就率先行动起来。

　　1990年12月26日，27岁的张近东辞掉了工作，携手10多位热血青年，用几十万元资产，在南京宁海路一家不起眼的门店里，开始了空调专营业务。许多人对张近东的做法很不理解，觉得他疯了。也有好心人劝他改做市场上热门的电视机、冰箱等，可是张近东却有自己的想法。

此时，张近东的脑海里，已经对苏宁的未来有了自己的规划。这种"舍热求冷"的做法，确定了苏宁做空调名店的市场定位，开创了中国第一家空调专营店。这注定了苏宁要在中国家电营销领域中率先走上专业化经营之路。

由于以前有从事空调安装工程的经历，所以张近东从一开始就把服务定位为企业生存发展的根本，专门组织了300人的专业安装队伍，为顾客提供免费上门安装服务，建立起自己完整的配送、安装、维修一体化服务系统。而这种在今天看来天经地义的服务业务，在当时却对消费者很有吸引力。这一创举奠定了苏宁成功的起点，开创了以服务为宗旨的现代商业新模式。

从1991年起，苏宁率先向供应商渗透商业资本，先后与春兰、华宝两大主要品牌建立起新的厂商购销模式。仅仅两年的时间，苏宁销售火爆，抢占了大部分市场份额，骤然引起了众多国有商场的关注，同时，也感受到来自众多国有商场的巨大压力。

1993年春天，相信所有的南京人都对这样一句话很熟悉："要想夏天过得好，去苏宁买空调。"南京各大媒体上的广告已经是铺天盖地，仅仅4个月的时间，苏宁广告投放就超过了50万元。虽然商家普遍认为空调的销售旺季还没有来到，可是苏宁的空调销售额却已经突破了5000万元，南京空调市场70%的份额归入了这家在

人物博览馆

张近东：苏宁集团董事长兼总裁。1963年3月出生于安徽天长，毕业于安徽师范大学。2010年，张近东问鼎胡润零售富豪榜。

知识万花筒

航母：指航空母舰，是一种以舰载机为主要作战武器的大型水面舰艇，舰体通常拥有巨大的甲板和坐落于左右其中一侧的舰岛。航母是航空母舰战斗群的核心，舰队中的其它船只提供其保护和供给，而航母则提供空中掩护和远程打击能力。现今，航空母舰已是现代海军不可或缺的武器，也是海战中最重要的舰艇之一。

当时还不起眼的"个体户"囊中。

正在苏宁人为自己取得的成绩感到骄傲的时候，南京的八大国有商场开始联手封杀苏宁，南京的"空调大战"全面爆发。而此时在商场上摸爬滚打多年的张近东已经作出了部署：苏宁坚决地全面应战，跟进降价。并且苏宁还承诺：如果消费者在南京任何商场所购同类商品的价格比苏宁低，苏宁公司就全额收购并支付差价。

这一创举使广大消费者为之一震，购买者趋之若鹜。在降价的第一天，数万名消费者蜂拥而至，店内店外人满为患，收银台前排起了长龙，苏宁日销售额突破1000万元。

苏宁凭借"进价低、周转快、量大利薄"的经营策略，凭借"规模经营、厂商合作、专业化服务"这三张王牌，大幅降价，对市场造成了巨大的冲击，动摇了国有商场赖以生存的根基。经过一场拼杀与激烈较量，苏宁名声大振。张近东首创的"淡季打款、共担风险"的合作方式开始为各家商场所效仿。

当年，苏宁实现销售3亿元，比上年增长182%，摘取了全国最大空调经销商的桂冠。"苏宁现象"从此引起了新闻界、学术界以及大众舆论的广泛关注，被收录为高校市场营销教材的经典案例。此次空调大战大大提高了苏宁的市场知名度和美誉度，为苏宁的发展奠定了坚实的基础。

此后，苏宁的经营模式发生了质的变化，张近东又打出了创新牌：从单纯的零售转向了批发。苏宁先后在北京、成都、广东地区设立办事处，建立全国性的客户网络，快速膨胀，仅一年销售额就达到20多亿元，与2000多家客户签订合同。

20世纪90年代是中国批发和零售业发展最快的时期，同时，国内家电市场正从供不应求转向供大于求，行业利润率迅速下降，此时的苏宁也面临着严峻的考验。

1995年，苏宁撤销了在外地的批发办事处，改建了自营零售网络。随着第一家子公司的成立，苏宁逐渐导入连锁模式，在全国范围内推行全资、合资、特许三种形式的连锁经营业务状态，建立集终端零售、物流配送和售后服务网络为一体的苏宁独创电器体系。

随着国内电器市场的快速发展，空调行业利润日薄，而数字播放产品，包括数字电视、可录式DVD、数码相机、摄像机在内的信息类产品已成为时代新宠。张近东首先提出了"E连锁"的概念，选择经营以信息家电为主的综合家电经营模式，在家电连锁业，此举可谓是独辟蹊径。

如果用"百变"来形容苏宁这只在商场上驰骋的黑马，应该一点儿也不为过。就是这种"以变治变"的创新战术，让苏宁成长为今天的规模。以静制动的时代已经过去了，在瞬息万变的商场中，不但要有一双高瞻远瞩的眼睛，还要有一种不断创新、走在时代前列的意识。只有这样，我们才能够在激流中勇进，不断超越自我而成长为最具魅力的企业家。

知识万花筒

桂冠：古时候，人们把月桂树的枝条做成花圈的形状或把花圈戴在头上作为一种胜利或杰出的象征，后来就以桂冠作为光荣的称号，来比喻冠军或杰出的人物。荣膺桂冠，表示光荣地获得了最高的荣誉。关于桂冠来源的说法最早出自罗马诗人奥维德的《变形记》。

试着这样做

没有谁天生就有一双鹰的眼睛，后天的自我努力是很重要的，想要成为一个有创新意识的人，一定要在以下几个方面注意：

1.要敏锐。时刻留意自己身边的信息，其中很可能蕴藏着巨大的机遇。要养成读书、看报、听新闻的好习惯，长此以往，我们的观察能力会大大提高。

2.要具有向新事物发问的魄力。俗话说：内行看门道，外行看热闹。当遇到自己不理解或不熟悉的事物时，要多想、多问、多总结。

3.小行业里也能出大英雄。成功与否，不在于我们所从事的行业是否伟大。不要对行业本身抱有成见，只要是选对了方向，就一定能成就伟业。

4.勇敢大胆地去尝试。如果我们有一个梦想，或者决定做一件事情，那么，就立刻行动起来。如果只是想，是不会有收获的。

5.创新才能永远保持成功的姿态。无论是学习还是工作，都要保有一个创新的信念。只有这样的想法深植于头脑之中，才会从不同的角度去观察生活，发现生活中别人发现不到的美，而这个时候，成功就在我们身边。

6.要学会在逆境中发现新道路。当我们遇到无法解决的难题时，不要总停在原地苦苦思索。有时候换一个方向，换一种思维，就会发现，这扇窗里有门内看不到的风景。

7.乐于冒险的同时，也要学会承担风险。任何成功都存在着风险，当我们决定要取得成功的时候，不要忘记风险的存在。

我们，特别是年轻人，应该大胆进取，要去开发自己灿烂多彩的世界，而不要因为外界的原因，失落了本应该属于自己的天空。

年　月　日

阅读主题9：
我的事情我做主

跟我来阅读

　　对于一个渴望成功的创业者来说，他的智商有多高是不重要的，真正起决定作用的是他身上所具有的灵活性思维和他的决策能力。俗话说："冰冻三尺非一日之寒。"想成为一名成功的决策者，就要先培养自己各方面的综合能力，要有鹰的眼睛、豹的速度和虎的胆识。可是，怎么才能具备这样的素质呢？希望本主题几位成功企业家的例子能对我们在今后前行的路上有所帮助。

第33天／宗庆后
要做开明的独裁者

　　"喝了娃哈哈，吃饭就是香。"想必这句话很多人都还记忆犹新。现今的年轻人中，有多少人是喝着娃哈哈饮料长大的，已经无法统计了，娃哈哈陪伴了一代人的成长。

　　在娃哈哈背后有哪些鲜为人知的故事？一代名牌又是如何成长发展起来的？作为娃哈哈集团的董事长——宗庆后，这位大器晚成的企业家，又是怎么从一个社会最底层的普通人成为财富主宰者的？带着这些疑问，让我们先了解宗庆后的成长经历。

 人物博览馆

　　宗庆后：娃哈哈集团公司董事长兼总经理。1945年出生于江苏宿迁。2010年、2012年，宗庆后两次登上中国首富的宝座。

宗庆后兄妹5人，家庭非常贫困，只靠做小学教师的母亲一份微薄的工资度日。初中毕业后，宗庆后就到了舟山马目农场，在一望无际的海滩上挖盐、晒盐、挑盐，在农场中度过了15年。这15年中，宗庆后学会了在劳累过后思索自己未来的人生，他一直相信农场并不是自己的天下。

1978年，宗庆后回到杭州。1979年，34岁的宗庆后时来运转——顶替母亲在杭州校办厂做推销员。虽然算是一个转机，但一贫如洗的他，每天也只是拉着"黄鱼车"奔走在杭州的街头卖冰棒、雪糕，一个学校一个学校地推销课本。此后的将近10年里，他辗转于几家校办企业，郁郁不得志。

1987年，42岁的宗庆后在拉着"黄鱼车"送货的过程中，了解到很多孩子零食吃多了以后，食欲不振、营养不良，很令家长头痛。这触发了宗庆后开发"儿童营养液"的灵感。从小炼就的坚毅性格让宗庆后决定抓住这个机遇搏一把。

宗庆后深思熟虑后，决意放弃已经稳定的生活，独自开发新的营养液产品。当人们听说他的决定时，许多人都抱着看笑话的态度。这个一辈子就没做过大事的人能创业？不理会别人的质疑，宗庆后认准了这条路，决定一往无前地走下去。

1988年，宗庆后辞去了长达8年的校办厂销售员的工作，在杭州挂出了一块木牌——杭州上城区校办企业经销部。带领两名退休老师，靠着14万元借款，在50多平方米的作坊式经营场地里，他开始创业。

1989年，这家厂改名为娃哈哈食品厂。也正是在这一年，被视为美国文化象征的可口可乐经过长达7年的谈判，终于在中国首次建厂。那时候，中国已有3000多家保健品企业，市场上存在38种营养液，竞争环境相当残酷。保健品行业风险很高，但利润很诱人，宗庆后按捺不住冲动，便要去生产第39种营养液。

根据对市面上38种营养液的调查，他发现它们都属于老少咸宜的营养液，产品功能的覆盖面广，细分不明确。宗庆后便组织专家和科研人员，开发出了娃哈哈食品厂的第一个产品——娃哈哈口服液，专供儿童饮用。宗庆后在全国第一个运用了"实证广告"的方式——让自己的产品拥有中国营养学会的推荐。面对电视台开出的20万元广告费用的开价，只有10万元流动资金的宗庆后面不改色地签下了广告合同。结果是，广告尚未播完，订单剧增，提货的车造成了交通堵塞。当年娃哈哈实现销售收入488万元，宗庆后很快在保健品行业异军突起。

随着"喝了娃哈哈，吃饭就是香"的广告传遍神州，娃哈哈儿童营养液迅速走红。到第4年，企业销售收入达到了4亿元，实现净利润7000多万元，完成了娃哈哈企业的资本原始积累。这时，大家才开始另眼看待

知识万花筒

保健品：全名保健品食品。GB16740-97《保健（功能）食品通用标准》第3.1条将保健食品定义为："保健（功能）食品是食品的一个种类，具有一般食品的共性，能调节人体的机能，适用于特定人群食用，但不以治疗疾病为目的。"目前市场上的保健品大体上可以分为一般保健食品、保健药品、保健化妆品、保健用品等几大类。

净利润：一般称为税后利润或净收入，指在利润总额中按规定交纳了所得税后公司的利润留成。净利润的计算公式为：净利润＝利润总额×（1－所得税率）。净利润是一个企业经营的最终成果，是衡量一个企业经营效益的主要指标。净利润多，企业的经营效益就好；净利润少，企业的经营效益就差。

这个敢做大为的"小业务员"。

1991年，娃哈哈儿童营养液销量飞涨，市场呈现供不应求之势。面对如此势头，宗庆后非常清醒。

当时摆在宗庆后面前有三条路：一是联营，二是租赁，三是有偿兼并。显然前两条路是稳当的，而有偿兼并要冒相当大的风险，但宗庆后最终又做出了一个决定娃哈哈命运的重大决策——拿出8000万元巨款，走第三条路。

他将扩张的目标瞄向了同处杭州的国营老厂——杭州罐头食品厂。当时的杭州罐头食品厂有2000多名职工，严重资不抵债，而此时的娃哈哈仅有140名员工和几百平方米的生产场地。

1987年正是中国保健品行业步入黄金岁月的开始时期。太阳神、延生护宝液纷纷出现。到1993年，全国保健品年销售额高达300亿元。在此期间，1991年，宗庆后开始了娃哈哈的第一次扩张，产品供不应求的娃哈哈兼并了比自己大几倍的国有杭州罐头厂，组建为娃哈哈集团。

娃哈哈"小鱼吃大鱼"的举措在全国引起了轰动。最初，包括老娃哈哈厂的职工，都对这一举措持反对态度。但是，宗庆后最终力排众议，娃哈哈迅速盘活了杭州罐头厂的固定资产，利用其厂房和员工进行扩大生产，几个月内就将其扭亏为盈，第二年销售收入、利税增长了一倍多。

1991年的兼并为娃哈哈后来的发展奠定了基础，也让宗庆后尝到了并购的甜头。之后，并购几乎成为娃哈哈异地扩张的主要手段。1994年，娃哈哈成为中国最大的饮料食品企业。

此后，永不停步的宗庆后又把目光放在了童装上，其实不只是童装，儿童日化用品也早在宗庆后的考虑之中。在宗庆后看来，这也只是娃哈哈多元化经营的开端，在成长的路上还有许多决定在等待着这个大器晚成的商业霸主。

其实在我们的生活中，有无数的决定在等着我们，这些决定有大有小，有的完全可以改变我们的一生。而当面对这些决定时，我们是否也有同样的勇气，能够力排众议，相信自己是正确的呢？

年　月　日

第34天／丁磊
在自已的地盘成就梦想

　　有人说互联网将人类带入了造梦的时代，同时也成就了许多新富豪的梦想。丁磊，这个常背着双肩包的年轻人，是如何成为中国本土的互联网造梦者、中国IT新贵的呢？又是如何在自己的地盘上创造神奇的呢？看看他的成长经历不难发现，是自信的决策带着他越飞越高的。

　　丁磊在少年时代受到了良好的教育，中学时代，他的癖好就强烈地表现为技术"偏执狂"。当时，他所在的奉化中学是浙江一所著名重点高中，有一定实力让学生接触到先进技术。初一时，他第一次成功地组装了一台六管收音机。在当时，那是一种最复杂的收音机，能接收中波、短波和调频广播。

　　后来，奉中有几台苹果机，学校借此成立了一个电脑兴趣小组，丁磊想都没想就跑去参加了。这是他第一次触摸计算机。丁磊的理想就是当一名电子、电气工程师，高考时，丁磊选择了成都电子科技大学。由于父

 知识万花筒

　　苹果机：指苹果公司生产的电脑。苹果公司是美国著名的计算机公司，成立于1977年，是个人电脑最早的倡导者和著名生产商。它们生产的苹果系列电脑包括iMac、PowerMac、ibook、Powerbook等产品线的众多硬件产品，一直引领个人电脑市场的潮流。

母担心计算机的长期辐射会对人体造成伤害，所以坚决不支持丁磊读计算机专业，丁磊只好选择了微波通信专业。由于对自己所学专业并不感兴趣，丁磊开始辅修计算机，接触到了Internet。

大学期间，图书馆是他待得最多的地方，他在那里接触到了大量有关计算机和网络知识的书籍。当时，286机器刚开始在中国出现，对很多人来说，计算机是集复杂性和不确定性于一体的东西。然而，丁磊却"先知"般地认识到计算机对人类的影响不会只限于教学，它应该有更广阔的空间。课余时间，他将全部精力都投入到了计算机方面。

大学4年，丁磊学会了思考。他可以完全不听老师讲而自学一门功课。他看书速度很快，一般都从后面往前看，看到后面的关键字，有看不懂的，就到前面去看相关描述，一般用两三个星期的时间就能掌握一门功课。这种技巧在丁磊学习Internet知识的时候，显得尤为重要，因为在Internet刚进入中国的时候，没有人知道它是什么样子的，也没有一本书能系统地解释Internet的整个结构。等到1993年大学毕业时，丁磊通过阅读杂志了解到，计算机联网已经在美国实现了。

1993年大学毕业后，丁磊回到家乡宁波市电信局工作，他感受到了一种日益强烈的苦恼，没有办法将自己想要做的事情在工作岗位上发挥出来，于是，他产生了想离开的念头。

1994年，丁磊第一次登录Internet，他浏览的第一个网站是Yahoo，这次网站浏览的经历让丁磊"感觉很不错"。接着，丁磊去创新公司下载了不少媒体驱动程序。在Internet上"见了世面"的丁磊向自己的总工程师建议在本局开展信息服务业务。但是等了一段时间，丁磊发现自己的建议根本就不会被采纳，于是决定离开。在电信局，丁磊做了许多同事看来毫无必要的事情，比如写一些小的程序等。他们很不理解丁磊的做法，说这东西可以去买，也可以请人来做。但通过做这些看似没有必要的工作，丁磊在两年里研习了大量的Unix。

1995年，他从电信局辞了职。丁磊把目光放在了南方，决定只身去闯一闯。初到广州，举目无亲。那时，他最大的愿望就是能找到一份工作，哪怕是薪水少一点儿也行。凭着自己的耐心和实力，丁磊终于在广州安定下来，进入外企Sybase广州分公司工作。工作了一年，丁磊又发现，天天干同样的工作，对一个技术工程师来说没有多少乐趣。丁磊又一次萌发了离开那里和别人一起创立一家与Internet相关的公司的念头。

1996年5月，凭着在电信局的两年工作经验和丰富的计算机知识，丁磊当上了广州一家Internet服务公司的总经理技术助理。然而这里却不是丁磊梦想起步的地方，他几乎从头到尾目睹了这家公司在中国电信网络服务公司的巨大挤压下逐渐没落的全过程，丁磊再一次选择了离开。

丁磊在对自己的前途整整思考了5天后，最后决定还是自立门户。他与伙伴揣着写软件赚来的50万元，租了一间7平方米的房子，开发网络应用软件，这就是网易的开始。丁磊当时的想法就是要做一个中国的Internet公司，所以，网易无论是名字还是Logo都具有鲜明的民族特色。

自立门户后，丁磊经历了比别人更多的困难。首先是由于自身管理经验的缺乏，他不可能一开始就组建一个很大的公司；其次是资金的问题，由于丁磊从未向银行借过一分钱，所有的资金只能全凭自己滚动和积累。刚开始的时候，丁磊和3个同伴挤在一间7平方米的屋子里没日没夜地写软件，但这在资金的积累上没有起到作用。于是，他又想尽了一切办法把自己的服务器架到了

人物博览馆

丁磊：网易公司创始人兼CEO。1971年出生于浙江宁波，1997年创立网易公司。

知识万花筒

Logo：徽标或者商标的英文说法，起到对徽标拥有公司的识别和推广的作用。通过形象的Logo，公司可以让消费者记住自己的名称以及公司的品牌文化。网络中的Logo徽标主要是各个网站用来与其它网站链接的图形标志，代表一个网站或网站的一个板块。另外，Logo还是一种早期的计算机编程语言，也是一种与自然语言非常接近的编程语言，它通过"绘图"的方式来学习编程，对初学者特别是儿童进行寓教于乐的教学方式。

电信局的机房里。就是这个服务器加上每人20兆免费的个人主页空间，使网易在中国IT行业写下了浓墨重彩的一笔。

整天冥思苦想的丁磊在发现Hotmail的时候，眼睛"豁"地亮了起来："Hotmail太吸引人了！太有发展前途了！它一定可以成名！它一定可以上市！"于是，丁磊找来自己的伙伴一起研究Hotmail的结构，两个人最后做出了一个决定：自己做！

他们马上就着手做，一边开发基于浏览器的免费电子邮箱，一边想域名。丁磊认定免费电子邮箱要成功就一定要有一个朗朗上口的域名才行。

当天凌晨两点，丁磊突然想到可以用数字表示域名，这样做不仅易记，而且不会像英文字母那样容易混淆、难念。于是，他从床上跳起来，拨163上网，注册了163.net和163.com这两个域名，丁磊又去睡觉，却怎么也睡不着了，他越想越美，就又从床上跳起来，一口气注册了188.net、188.com、166.net、166.com、126.net等。

7个月后，网易免费邮箱系统写好了，但苦于资金周转不开，丁磊不得不把它出售给广州电信并附送了163.net的域名。免费邮箱的推广旗开得胜，这一个产品为网易挣了几百万元。1998年5月，中国互联网信息中心公布读者推荐的优秀中文网站，网易列首位。同年9月，丁磊决定将网易改版，推出一个类似于美国AOL的门户站点。改版后不到一个月，访问量激增。1999年元月，到北京领奖的丁磊，受到了北京网民及媒体的极大关注和礼遇。这也让他真正地体会到，网易虽然成功于广州，但如果想成名还要在北京，做市场也要在北京。于是，他决定将网易搬到北京。这一决定，改变了他，也改变了网易的命运。

网易移居北京后，在公司队伍建设方面有了很大改进。因为没有很多股东在北京指手划脚，也不存在历史积淀或创业本身带来的消极因素，所以公司发展很快，开始走上了正轨。

就在一切看似顺利的时候，或许是为了考验这个完全土生土长的互联网公司，磨难降临了。20世纪末，网易的人事风波导致股价在纳斯达克股市大跌。

这个时期的网易是动荡不安的。网易在2001年因涉嫌财务欺诈，被纳斯达克股市暂停交易。

面对重重压力，丁磊却做出了这样一个决定：把自己从管理领域开除。在网易网站显著的位置发表声明：委任公司董事会董事孙德棣担任代理首席执行官，而丁磊先生将不再担任网易代理首席执行官和代理首席运营官的职务，亦不担任公司董事长一职。他将成为公司的网易首席架构设计官，对公司的战略发展及产品开发提供指导意见。

也就是在这个节骨眼上，丁磊又作出了另一个让人刮目相看的决定：宣布网易在商业模式和管理上做出重大转变，其中收费无线服务和在线娱乐服务将成为公司营业收入的主要来源。这几乎就标志着网易从此放弃了门户网站的商业模式，转入新的战场。

通过各方面的努力，网易又被恢复了股票交易。经历过"寒冬"的丁磊，把更多的心思放在了网易的实际业务上。丁磊等人给公司设定了在网络游戏和移动通信两个业务上重点突破的新方向。可以说，是短信业务和网络游戏的兴起，造就了中国互联网市场的重新振兴，从而也给网络商机带来了更大的增长空间。

如果，面对急流暗涌的商海，我们也摩拳擦掌想一试身手的话，那么，除了知识燃料和资金动力，也别忘了带上一枚指南针，当面对广阔的大海时，在迷茫的时候主宰自己的命运。记住，我们的决策能力决定着我们是否是一个出色的掌舵人。

知识万花筒

Hotmail：互联网免费电子邮件提供商之一，它于1995年由杰克·史密斯和印度企业家沙比尔·巴蒂亚建立，并于1996年7月4日开始商业运作。任何人都可以通过网页浏览器读取Hotmail，收发电子邮件。

域名：是由一串用点分隔的名字组成的Internet上某一台计算机或计算机组的名称，用于在数据传输时标识计算机的电子方位。从社会功用的角度来讲，域名是企业、政府、非政府组织等机构或者个人在域名注册商上注册的名称，是互联网上企业或机构间相互联络的网络地址。目前域名已经成为互联网的品牌、网上商标保护必备的产品之一。

第35天／李书福

敢做梦才能成为掘金者

　　"在战争年代成长的人，就喜欢打仗；在商业时代成长的人，就喜欢竞争。一样的道理，在科学氛围里成长的人，就喜欢科学技术。我们是在台州一个贫穷落后的穷山村里成长起来的人，第一不怕苦，第二不怕穷，第三当然更喜欢致富了。所以慢慢地学着人家一步一步地干起来了。"说这话的人是个爱做梦、敢做梦的人，他的一个又一个重大决策帮其实现了民办企业的造车梦。这个人是谁呢？他就是被称为中国汽车界风云人物的吉利集团董事长——李书福。

　　1984年，年仅21岁的李书福做了人生第一个大决定：将筹集到的1万多元钱，租了5间旧房子，与人合伙办起了北极花冰箱厂，从此开始了曲折的创业之路。

　　在做电冰箱之前，李书福还做过电冰箱零件，因此跟电冰箱厂打交道比较多，这也是他办冰箱厂的主要原因。李书福认为，电冰箱没有什么神秘的，别人能做，自己一样可以做。那时候还是卖方市场，只要有产品就能卖出去。在这种大好的经济环境下，李书福的冰箱厂经营得确实很红火，取得了非常好的效益，一年的营业额有四五千万元，这在当时已经是很大的数字了。

　　1989年，李书福开办的电冰箱工厂产值超过了1亿元。电冰箱厂为李书福赚到了丰厚的利润，然而，由于国家政策的调整，李书福不得不放弃了对电冰箱的生产。停止了电冰箱的生产以后，李书福就到深圳读书，学习经济管理，两年的学习让他收获颇多。

从深圳大学念完书回到台州后，李书福首先想到的就是如何重整旗鼓。他一开始想做摩托车业务，但经过一段时间的摸爬滚打与碰壁，最终还是放弃了。于是，他开始将目光投向更为广阔的天地，寻找适合自己的事业。经过调查，李书福发现镀铝装饰板材市场前景广阔，全国已有的2家生产厂，产品质量不理想，于是他果断决定，迅速出击，立即拍板上马。

1991年，李书福开始进行建材生产，这次选择可以说是他事业腾飞的起点。中国第一张镁铝曲板和第一张铝塑板，就在此问世。

与此同时，海南的房地产热引起了他的注意，于是他又开始投资房地产，但这次投资却让李书福尝到了失败的滋味。一年的时间，他损失了很多钱，但倔犟的李书福并不服输："我不相信这是失败，我慢慢还会发展起来的，失败是成功的基础。"

李书福的建材业逐渐有所成就，可那个生产摩托车的梦却依然藏在他心灵深处。他在苦苦地等待时机，而时机也在此时悄然来临。

一天，李书福得到消息，杭州有一家国有摩托车厂快要倒闭了。他心里一动：何不与这家摩托车厂合作呢？我可以出资金，他们可以出生产权。李书福做出决定后马上行动起来，他找到这家国有摩托车厂的领导，经过一番讨价还价，双方最终达成了合作协议。

1992年，李书福的浙江吉利摩托车厂终于在历尽艰辛之后成立了。产品一面世，便在市场上引起强烈反

人物博览馆

李书福：现任吉利集团董事长。1963年出生于浙江省台州市。吉利集团是中国第一家生产轿车的民营企业。

知识万花筒

深圳大学：是1983年经国务院批准创办的一所综合大学，坐落在深圳市南山后海湾，依山起伏，荔枝成林，花木繁荣，环境优美。历经几十年的发展，深圳大学现下设22个二级学院及研究生部，实现了办学规模由建校时规划的4000人发展到实际在校生近30000人，实现了办学层次由学士、硕士到博士教育的三级提升，成为有一定影响力的综合性新型大学。

响，用李书福的话来说就是："简直是卖疯了！"也许是摩托车市场的狂潮震撼了某些企业家，于是，他们蜂拥而上，都想从这个硕大的蛋糕中切一块。到1994年，全国摩托车车厂林立，市场疲软。李书福的吉利受到严重的冲击，产量和利润都大幅下降。在这群雄并起、竞争异常激烈的环境中，李书福冷静地思考、分析着，他发现没有一家摩托车厂生产豪华型踏板式摩托车。

这一发现令他兴奋不已，他立即投入大笔资金，组织了一支精干队伍日夜奋战。不久，李书福终于开发出豪华型踏板式摩托车。这种摩托车一投入市场，就引起了轰动，订单如雪花般向吉利公司飞来。李书福说："我们开发的是全中国第一辆踏板式摩托车。当然，这个过程有些也是老天决定的，但是你自己不努力，也绝不可能成功。"

在危机中，李书福终于找到了一条康庄大道，带领吉利飞速前奔。到了1998年，吉利集团摩托车产量达35万辆，不但占领了国内市场，还出口到22个国家和地区。

1994年，当吉利踏板式摩托车还如火如荼之时，李书福又做出了一个更惊人的决策：造汽车！当他向当地计经委领导表达这个念头时，立刻遭到警告：国务院24号令明确指出不再批准轿车项目。这对李书福无异于当头一棒："门"进不去，一切都是白搭。但他是个执着的人，他一定要圆造车梦。

吉利找到突破口是在1997年收购了四川德阳的一个濒临破产的国有汽车工厂时。本来异地生产也是不允许的，但吉利后来还是克服了这个限制。这一年，吉利的汽车项目获得批准。1998年，吉利在台州的临海市建成第一个轿车生产基地。

与吉利集团的企业文化一脉相承，吉利汽车在起步阶段雄心很大，最初的目标是要成为"中国的奔驰"。在吉利内部流传着这样的说法：李书福买了两辆奔驰轿车，通过分拆仿制了自己的样车。为了降低成本，吉利造出的第一辆"奔驰"是顶板采用玻璃钢的一辆"汽车"。但这个尝试被泼了一瓢凉水：当这辆样车被送到有关部门检验时，对方告知，这样的汽车是不符合国家安全标准的。从天上回到了地下，李书福决定从中国的实际出发，先走低档路线，"为中国老百姓造买得起的好车"。

吉利第一款批量生产并面世的车型是模仿夏利的"豪情"两厢轿车，采用天津丰田发动机公司为夏利配套的四缸发动机。这批由钣金工手工敲出来的样车出乎意料的通过了国家的强制性安全检查。

经过努力，吉利控制了临海、宁波和上海浦东3个汽车生产基地，完成了吉利进入汽车工业的基本战略架构。2002年，吉利开始了从家族企业向管理型企业转变的过程。这一年，李书福决定对吉利集团高层进行改组，他拿掉了一直担任公司总裁的哥哥李胥兵的职务，后来又通过资产转换方式，使弟弟李书通离开上海杰士达；从外界请来了徐刚和柏杨分别担任吉利汽车公司的总经理，并于2003年初挖来上海大众原总经理南阳担任集团副总裁。

2003年1月28日，中国第一辆国产跑车——吉利"美人豹"在台州吉利汽车厂工业城下线，同年9月28日，被国家博物馆永久收藏。

2005年第一季度，吉利汽车累计销售排名全国第5位，前5个月累计销量5万辆。

2006年的国际车展上，吉利汽车又大展身手，受到了业内人士以及车友们的好评。

李书福就是这样一个传奇的人物，他终于把曲折的造车梦变成了现实。而在他成功的因素里，执着的追求、大胆的决策则起着主导作用，也正是它们带着他一步步走到了今天。

知识万花筒

奔驰：世界知名的德国汽车品牌。公司名称为梅赛德斯－奔驰，为卡尔·本茨和戈特利布·戴姆勒于1900年创立，总部设在斯图加特。梅赛德斯－奔驰以生产出高质量、高性能的汽车产品闻名于世。

阅读小感悟

如果你也有梦想，如果你也想实现梦想，那就不要再抱着枕头睡觉了，开始行动起来吧！运用你的智慧，拿出你的勇气，大胆地开始行动。只要不放弃梦想，只要你相信自己的决策，那么梦就在不远处了。

第36天／牛根生

决策让牛跑出火箭的速度

　　2005年被炒得沸沸扬扬的"超女"让全国的观众记住了一个品牌——蒙牛。了解它的人都知道：1999年创办的蒙牛乳业，是在"一无工厂，二无奶源，三无市场"的困境下开始的，而现在的蒙牛则具有"一有全球样板工厂，二有国际示范牧场，三液态奶销量全国第一"的优势。这个仿佛凭空跃出的"蒙牛"用的是什么七十二变？何以在短短的几年内成为中国乳品业的巨头？秘密还在于牛根生——这个让牛跑出火箭速度的人身上。

　　说起创办蒙牛，对牛根生来说也是一波三折。当年牛根生从伊利出来时心里就想：20多年干企业，而且干的是国有企业，这个时候该做点什么呢？

　　牛根生被免职以后，伊利的一些中层干部也相继被免职了。他们找到牛根生说："你被免职以后可以去北大学习，而且带着工资学习，给你租房子，我们被免职干什么去呢？"后来这种事情多了以后，牛根生就萌生了重新干企业的念头。

　　1999年5月，牛根生回到呼和浩特后立即将公司变成了股份有限公司，并担任公司法人代表，募股事宜也立即展开。过去在伊利，牛根生的年薪就达到过108万元，他曾拿出这些钱和大家一起分享。正因为如此，这些赋闲在家的干部想，牛总的钱都给我们分，我们的钱交给他有什么不放心的，本着这样一个心态，大家，包括他们的亲戚、朋友都把钱拿过来了。5个月以后，他们的资本从注册时的100多万变成了1300多万。牛根生变卖了自己和妻子在伊利的全部股票，并拿出了家里的全部积蓄，筹集资金180万元，成为蒙牛的第一大股东，占蒙牛股份的12.88%。

蒙牛的起步可以说是非常的艰难，从第一步办营业执照起就坎坷不断，营业执照变了三回，从合资企业到股份制企业再到责任有限公司。他们在呼和浩特的一个居民区里租了一间小平房作为办公室，一共只有53平方米，月租金200多元。这间办公室有6张桌子，单人床、沙发和茶几都是从牛根生家里搬来的。建厂时他们选在和林格尔县，而和林格尔县是国家级贫困县。

1999年蒙牛创立的时候，牛根生做了一个大胆的决定：采用"先建市场，后建工厂"的发展战略。公司注册5个月后，就有了1亿多元资金。这笔钱要怎么用？乳业竞争激烈，单靠有限资金在如林的乳业品牌中闯出名堂，实非易事。蒙牛公司既无现代化厂房，又没有高科技设备，如何以小搏大？

牛根生考察了许多企业后发现，过去在人们的观念中，企业就等于是生产车间。所以，许多企业都要花巨资去盖厂房、买设备，而等企业不惜血本地建起了厂房，引进了设备，却再也没有资金去搞生产经营了。这样的企业往往昙花一现。

牛根生决定出奇制胜，采取分段运作，把全国许多工厂变成自己的加工车间。牛根生先用300多万元在呼和浩特进行广告宣传，因为呼和浩特城市不大，300多

人物博览馆

牛根生：蒙牛乳业集团创始人。1958年，牛根生出生于内蒙古。2002年被评为"中国十大创业风云人物"之一。

知识万花筒

伊利：全称内蒙古伊利实业集团股份有限公司，是全国乳品行业龙头企业之一。伊利集团的业务经营范围主要包括液态奶、冷饮、奶粉、酸奶和原奶等五个种类。

万足以造成铺天盖地的广告效应，几乎一夜之间，许多人都知道了蒙牛。接着，他与中国营养学会联合开发了一系列新产品，然后准备与国内的乳品厂合作，以投入品牌、技术、配方，采用托管、承包、租赁、委托生产等形式，将所有产品都打出"蒙牛"的品牌。这样，投资少、见效快，又可创出自己的品牌。

在开发新产品的同时，牛根生在全国开始选择已经建有厂房和设备、具备生产能力的合作厂家。他在包头市找了一家生产冰淇淋产品的工厂，短期内，"蒙牛"冰淇淋就隆重上市了。当牛根生了解到拥有中国最大奶源基地的黑龙江省有一家美国独资企业，因经营管理不善效益很差时，就带7个精兵强将过去把这个企业托管了。

牛根生利用自己在冰淇淋和奶制品行业的工作经验以及对市场、行业的了解，为这个企业引进了最好的设备、最好的奶源，同时还带去了新的管理模式。设备、生产销售、供应，都按照牛根生设计的模式重新运作。结果，这个企业成了蒙牛牛奶的诞生地，第一年，2000多万元牛奶的销售额就是完全由这个企业完成的。

牛根生不仅没有给这个企业投资，他们8个人还挣了这个企业47万元的年薪。

对这种合作模式，牛根生给它起了个名字叫"虚拟联合"。他们的运作方式是，只与对方合作，对其设备及人员进行使用和支配，但不做资产的转移。他只是利用这些资源，用自己的管理、自己的品牌，实现双方互惠互利。

很多报纸和杂志说蒙牛的发展是个奇迹。这也难怪，1999年8月蒙牛成立时，全国排名1116名。蒙牛是管理层集体持股的民企，在"人人都是老板"的动力驱动下，蒙牛平均每天超越一个对手，到2003年，已与伊利及光明并驾齐驱，在全国的乳业市场上已是三分天下有其一。

在市场竞争中，牛根生的"统一战线"策略是他稳定市场的一步妙棋。他一直认为蒙牛和伊利是兄弟，双方之间应相互促进成长。把统一战线做大了，行业内部规矩了，对自己的发展也有好处。于是，他就有了一句名言：提倡全民喝奶，但你不一定喝蒙牛奶，只要你喝奶就行。他明白，只有把这个行业的蛋糕做大了，大家才都有饭吃。抱着这种心态，牛根生从蒙牛产品的宣传开始就与伊利联系在一起。他们的第一块广告牌子上写的是"做内蒙古第二品牌"。在冰淇淋的包装上，他们也打出了"为民族工业争气，向伊利学习"的字样。

这样，既是谦虚，又可利用伊利的知名度，无形中将蒙牛的品牌打出去。在牛根生看来，一个品牌并不单单是一种产品的问题，而是一个地域的问题，内蒙古就是一个大品牌。所以，他们的广告牌上还频频使用"为内蒙古喝彩"等口号。

蒙牛乳业的迅速崛起可以说是我国乳业史上的一个奇迹。从创业历程、"打造中国乳都"，到"中国航天员专用乳品"、在香港上市的第一家民营企业等，蒙牛总能抓住受众的眼球、媒体的眼球，引发宣传热潮。可以说，蒙牛的成功是21世纪中国经济风起云涌大潮中一道亮丽的风景。

有人说，牛根生是神奇的。然而这种神奇来源于他一次又一次对市场的敏锐判断。如果我们也想书写神奇，其实也不是不可能。只要能够把握机遇，果断地作出决定，那么，说不定我们也会在适合自己的领域中成就伟业，跑出惊人的速度，刷新前人的纪录！

知识万花筒

冰淇淋：是以饮用水、牛奶、奶粉、奶油（或植物油脂）、食糖等为主要原料，加入适量食品添加剂，经混合、灭菌、均质、老化、凝冻、硬化等工艺而制成的体积膨胀的冷冻食品，口感细腻、柔滑、清凉。

光明：全称光明乳业有限公司，是一家由国资、外资、民营资本组成的产权多元化股份制上市公司，总部设在上海。

试着这样做

要想成为有勇有谋的决策者，我们不妨在以下几个方面多加注意：

1. 我思，故我在。任何经营策略都是思考的产物，一个人的思考能力是自己唯一能完全控制的东西，只要我们能以智慧的方式运用自己的思想，它就会显现出非凡的力量。

2. 胆大心细。在平时的生活中，就要养成细致观察的习惯，学着总结事物的特点。当我们得出的结论和别人不同时，要认真比较分析。如果认为自己的观点可以实施时，要大胆地相信自己。

3. 做任何事情，如果想做好就必须要全心投入，热情如一。

4. 要有强大的魄力，要勇于冒险。世界无限大，如果有梦想要敢于尝试才有实现的可能，要保持自己的好奇心。

5. 拥有自信，是成功的关键。有了自信，才会敢于冒险，才能成长壮大，真正发挥出自己的潜力。

6. 不怕挫折。没有什么事情是可以随随便便成功的，光环背后要经历无数挫折和考验，只有经受得住考验的人才能够获得成功。

7. 不要急躁，要学会冷静思考。当面对困难的时候，要冷静对待，盲目的冲动会让我们失去理性和智慧。

年　月　日

阅读主题10：
想透了就去做

跟我来阅读

　　一个人在成功的道路上，总是要遇到艰难险阻，才能看见最后的"柳暗花明"。陈安之曾说过："成功者凡事主动出击。"要获取最后的成功，成为一名成功的企业家，遇到机遇时，想透了就去做，不要犹豫，赶紧行动！现在，我们不妨看看下面几位成功的企业家是怎么做的。

第37天／霍英东
心动不如行动

　　行动是真实的，是我们迈向成功的重要标志。我们不行动，永远都不会成功，确切地说，行动是金！

　　有句古语："勤于思，更要敏于行。"任何成功者，都是勤于行动的典范，都是行动的专家。若我们只停留在苦思冥想如何谋划成功上，而不去行动，成功终将与我们无缘，或失之交臂。

　　霍英东，出生在香港码头的一个贫苦人家，全家穷得连一双鞋子也穿不起，无论寒冬酷暑，都是赤脚行走。清贫的家境，微薄的收入，使霍英东很小就明白了

人物博览馆

　　霍英东：香港企业家、著名的爱国人士。1922年出生于香港。1955年起，他先后创办霍兴业堂置业有限公司、信德船务有限公司等企业，是香港知名的实业家。

"穷人的孩子早当家"的道理。

在霍英东6岁时，帆船同业义学可免费就读，经过霍母的安排，便由别人背着霍英东去拜师启蒙。此时，霍英东就像是一块落入大海的海绵，贪婪地汲取着知识，为日后创造财富做准备。

上到第三班时，霍英东转入敦梅小学，后又转入皇仁书院就读。在求学的过程中，霍英东是位勤学、刻苦、上进的学生，成绩在班里总是名列前茅。除了完成学校规定的学业之外，他还广泛阅读了不少文学作品，如《金银岛》《鲁滨逊漂流记》等。

可是，好景不长，霍英东高中毕业，进入大学预科时，太平洋战争爆发，日本侵略者开始进攻香港，霍英东的学业也随之被迫结束。

18岁的霍英东，为了维持家中生计，进过启德机场当苦力，提过50加仑重的汽油桶，偷学过开车，遭受过日本人的毒打……苦难的现实，千百次的挫折，都没有让霍英东放弃向成功目标迈进的信念。他明白，有了目标，没有行动，最后只能是一事无成。

冥冥之中，霍英东仿佛看见了那条拉着自己走向财富彼岸的命运绳索，他立即行动起来，迅速地向它靠拢，在接近的一刹那，猛地把它攥在手里，永远没有松开！

1945年战争结束，万物更新，各行各业逐渐活跃起来，运输业自然急需发展。霍英东与霍母都看准了这个时机，毅然把杂货店顶给别人，得了7000元，决心重操父辈的驳运旧业。

当时的香港只有一种生意好做，就是处理战后大量物资和沉船。有些人虽然看到了这方面的商机，但生怕弄不好赔本，犹豫不决，迟迟不敢动手。

而霍英东却不，他开始行动了！

有一次，霍英东看准一批海军机器，并且以18000元中标。他兴高采烈地回家请母亲凑钱交款，想不到母亲却断然拒绝。借贷无门，眼看到手的一笔大买卖就要落空，此时，霍英东情急智生，找到一位工厂老板，商量租借其仓库存放机器。

老板看了机器，同意租仓，霍英东看老板对机器很欣赏，提出可以卖给老板，老板开口出4万元，霍英东求之不得，迅速成交。就这样，霍英东净赚22000元！

这是他在拍卖剩余物资的数年内赚的一笔大数。回忆这段往事，他不无感慨地说："这的确是个很好的机遇，如果那时我有足够的资金，就可多赚几大笔了。"

这回，霍英东可以算得上是有钱人了，目的达到了，可以扔掉行动了吧？不，霍英东还是没有——如果扔掉了行动，就等于是坐吃山空，最后，依然还是会回到过去贫穷的老路上去，这与自己当初立下的"成为有钱人"的目标，显然是背道而驰的。

"确立了目标，就要拿出行动。"这是霍英东富可敌国的一生写照。经过前期热身的霍英东，在日后的几年里，步子越迈越大，生意越做越宽。有人评价霍英东的行动力，说他简直就是，一年365天，想到就去做的人。

香港光复时，人口才50万，后来陆续增加到100万。人口剧增，住房严重不足，加上工商业复兴，形成了对土地和楼宇的庞大需求。

在香港商业圈小有成就的霍英东，审时度势，认定香港房地产业势必有大发展。1953年初，他就开始经营房地产业，成立立信置业有限公司。

那时，英国、美国、加拿大及香港地产商都是整幢房屋出售的，由一个公司来买下整幢地产楼宇。这样，非有巨额资金的企业便买不起楼，因而房屋也就

知识万花筒

《鲁滨逊漂流记》：由英国作家丹尼尔·笛福创作的一部小说，享有英国第一部现实主义长篇小说的头衔。小说讲述在海难中逃生的水手鲁滨逊在一个荒岛上通过自己的智慧与勇气，战胜险恶的自然环境，最终获救，回到英国的故事。

《金银岛》：英国19世纪晚期作家罗伯特·斯蒂文森的代表作。全书共分为六部分，主要讲述一位名叫吉姆·霍金斯的少年自述他发现寻宝图的经过，以及在出海寻宝过程中如何智斗海盗，历经千辛万苦，终于找到宝藏，胜利而归的惊险故事。

不易脱手。

　　另外，从买地、规划、建楼，以至收租，资金周转期很长。霍英东当时是向银行贷款建楼的，要付一分多利息，如果建成了才卖，而又没人买，利息承担不起，自己只好"跳楼"。

　　能不能先预售楼花？那时不仅是霍英东，地产界其他几位知名人士也有这样的想法。但是，他们只停留在嘴上说说，并没有付诸行动，而霍英东却抢先一步行动起来。其身边的工作人员曾这样形容过霍英东，"只要是霍总想好了的事情，他就一定要去做，九头牛都拉不回！"

　　不久，香港地产界开始发生骚动：由霍英东筹建的楼房，很快销售一空，很受买家的欢迎。究其原因，原来，霍英东已将房地产工业化，兴建住宅、写字楼、商场综合大厦，分层、分单元出售，预售"楼花"，并提倡分期付款。

　　这分层预售"楼花"和分期付款的经营方式在当时的确是个大突破。等当初也有这种想法的人幡然醒悟过来的时候，为时已晚，商场如战场，机不可失，时不我待。他们懊恼，他们愤怒，他们焦躁，他们沮丧——

"当时我也有这样的想法""这个想法是我先想出来的""我要是当时做了，根本就没有霍英东出头的机会"……尽管某些人愤愤不平，尽管社会上充斥着各种各样的假设，但霍英东最终还是赢了，这是不容否定的事实。

生活就是这样，心动的时候，没有行动，最后只能落得"白云千载空悠悠"的无尽懊悔。这算得上是杰出企业家吗？如果从"大智"的角度上看，这些人只能被称为"精明"，但不能被纳入智者的群体里。

作为一名企业家，想是必要的，可关键在于想到了，是否去做，是否一定去做，并且决心去做。

只想不做，无法成为一名成功、出色的企业家；只做不想，弄不明白自己为什么不能成为成功企业家；只有那些想了，并且去做了的人，才能实现自己成为企业家的梦想，从而获得执掌成功的权杖。

霍英东喜欢用少年时潜水采海草躲避暗礁水雷时的词汇来概括他的成功经验："看得准，抓得住，干到底，不断发现新目标。"其中，这"抓得住"，不但告诉我们要产生"抓"的想法，更要拿出"抓"的行动，通过"抓"的行动，才能实现"抓住"的结果。

当风光无限的霍英东不断地想并且做的时候，他的财富指数每日都在以惊人的速度高速攀升，而早年在他心里埋下的那颗"成为有钱人"的种子，现今，已经长成了参天大树。

霍英东实现了当初的梦想，达到了当初立下的目标。作为立志成为一名成功企业家的我们，现在是否已经行动起来，朝着自己定下的目标不断地奋进了呢？

知识万花筒

"楼花"：是指已经完工25%以上但尚未竣工的商品房在施工阶段就推向市场销售，这种预售的商品房就被称为"楼花"。一般称卖"楼花"为预售房屋，买"楼花"为预购房屋。这个词最早出现在香港，由霍英东创造。

分期付款：一种交易付款方式，通常由银行和分期付款供应商联合提供。银行为消费者提供相当于所购物品金额的个人消费贷款，消费者用贷款向供应商支付货款，同时供应商为消费者提供担保，承担不可撤消的债务连带责任。分期付款大多用在一些生产周期长、成本费用高的产品交易上。如成套设备、大型交通工具、重型机械设备等产品的出口等。

第38天／郑裕彤

立即行动，决不拖延

机不可失，时不再来。

有很多时候，成与败之间，就是因为隔着一个"迅速"：一些人抓住了机遇，成了企业家，而另外一些人犹豫不决，最终与机遇擦肩而过，无为一生。

因此，要成为一名成功的企业家，不仅要有远大的志向，还应养成行动迅速的习惯，关键时刻，决不拖延！

郑裕彤，1925年8月27日，出生于广东省顺德县（今顺德市）一个贫寒的家庭，幼时一家人仅靠父亲开小店勉强糊口。

郑裕彤13岁那年，日本侵略军进犯广州、香港，百万市民受战火纷飞的侵扰，衣食不稳，性命难保，纷纷出外投亲靠友。

万般无奈之下，郑父只好将儿子送往澳门，到挚友周至元开的"周大福"金铺去当伙计。

金店里分大伙计和小伙计，小伙计就是当杂役。郑裕彤从杂役干起，每天扫地、擦灰尘、洗厕所、倒痰盂……等一切准备停当后，他再和姗姗来迟的大伙计们一起开店门做生意。

对于一个只有十四五岁的孩子来说，这份工作显得十分忙碌辛苦，但懂事的小阿彤却一门心思想着不要辜负老板的"不弃之恩"，一直老老实实、勤勤恳恳地工作。

一天，周至元派阿彤去码头接一位亲戚。码头上，来自香港以及东南亚的海船不断靠岸，人流熙熙攘攘、川流不息。

忽然，一位南洋商人向路人打听在哪里可以兑换港币。许多人都懂得这是一个良好的商机，但侥幸的心理促使他们默不做声，以期在川流不息的人群中出现下一个兑换人，到时好一块带到同一处兑换地点，以获得更高的提成。

当别人在一边按兵不动、继续等待时，年纪尚小的阿彤却抢先一步，行动起来。他用浓重的顺德口音说："到周大福金铺可以兑换，而且价格公道。"虽然阿彤说话时口齿稍显笨拙，但却给商人留下了"老实巴交"的印象，于是，便很信任地跟随他前往周大福金铺。

商人随阿彤来到"周大福"，为"周大福"做成一笔新的生意，而阿彤在经商方面的行动快速，让周至元颇为看好，于是继续派他做这项工作。此后，仅半年时间，周至元就提升郑裕彤在金行当正式学徒了。

此时，由于广州、香港沦陷，不少金铺迁到澳门，一时间，金铺随处可见，竞争十分激烈。如何让自家的黄金珠宝在激烈的竞争中占据一席之地？大伙通过讨论，一致认为，饰品的款式便是一个很好的突破口，通过到市场上去"看铺"，不但能找出自家打造工艺的不足，还能拓宽眼界，学到其他金店先进的经营思路。

敲定策略后，大伙都为此兴奋了好几天。可是，由于店铺的业务繁忙，白天累得人仰马翻，晚上店铺又都

人物博览馆

郑裕彤：珠宝大王。兼任香港新世界发展有限公司及周大福珠宝金行有限公司主席，恒生银行有限公司独立非执行董事等职。2012年2月，郑裕彤宣布隐退。

知识万花筒

周大福：周大福第一家金店最早由周至元先生于1929年在广州市河南洪德路创立，现已发展成为一个实力雄厚的私人商业集团，由郑裕彤博士及其家族拥有，主要经营珠宝首饰零售、批发和制造业务。

关门了，无"铺"可看，不少伙计便产生了"以后再说"的拖延心理。

郑裕彤见此情景，却有自己的主见，他"立即行动"的作风再一次召来了幸运之神的垂青。白天和晚上都没时间和条件"看铺"，他就利用上下班的时间看，不信逮不着"看"的机会。

从此，当别的店铺清早开门时，便看见郑裕彤已在旁边等候多时；当别的伙计下班后急匆匆地赶回家时，郑裕彤便趁着其他金店没关门的当口，趴在橱窗上仔细地打量、揣摩。

这一秘密被其他的伙计发现后，纷纷群起效仿。可惜，已经晚了，老板暗中观察了很久，认为郑裕彤不但比其他伙计脑子反应快，而且行动也决不拖延，就把"看铺"的特权交给了他一个人。这样，只要生意不忙时，郑裕彤便可上街"看铺"。

通过"看铺"，潜藏在郑裕彤头脑里的经商才干像发了酵的面粉一样迅速膨胀。照规矩，在金铺学徒需要3年才能出徒，可郑裕彤却未满3年就荣升为金铺掌管，负责铺面的日常经营。这在黄金珠宝行业里，是十分少见的。

1946年，21岁的郑裕彤到香港设立了"周大福分行"。他跑遍了全港所有金银珠宝行，经营策略集各家之所长，使分行生意十分兴旺。

但郑裕彤并不满足，他清醒地认识到："在商场上，'守业'就等于'败业'，要在不断创新中前进才能图谋发展。"

此时的香港，各行各业一片欣欣向荣，不少领域已开始推行"资产共有、风险共担、利益共享"的现代企业资本结构。

不少人在徘徊，不少人在迷茫，不少人已经明确了目标，但在行动上却慢条斯理，继续观望。

就在这时，"周大福珠宝金行有限公司"宣布成立！这是香港金饰珠宝业最早的有限公司机构。这个消息无疑是一枚重磅炸弹，在行业里掀起了轩然大波。

是的，机遇就只有一个，郑裕彤行动迅速，抓住了它，并让"周大福"迅速提升名气，展示着无与伦比的品牌效应。

随后，郑裕彤一不做，二不休，立即大胆投入资金，首创了九九九九金，率先开创了金饰制造的新工艺，此项壮举为"周大福"以后的发展奠定了雄厚的经济基础。

他在这段时间里，把通往财富巅峰的有利武器——"立即行动"，发挥到了极致，似乎珠宝行业的霸主地

知识万花筒

橱窗：指商店临街的玻璃窗，用来展示样品、展览文物等，形制不一。目的是让消费者通过窗户看到商店里的商品，起到宣传推销的作用。橱窗一般容易与柜台和公告栏混淆。

趋之若鹜：指像鸭子一样成群跑过去。含贬义。比喻许多人争着去追逐不好的事物。趋，快走，鹜，野鸭。出自《明史·萧如薰传》："如薰亦能诗，士趋之若鹜，宾座常满。"

位，已非郑裕彤莫属。

当别人趋之若鹜地在郑裕彤开创的九九九九金制造工艺里继续寻找着发财致富的残羹冷炙时，郑裕彤早已跳脱出来，关注起国际珠宝的流行款式。

他在观察中发现，许多极有身份的西方女士，喜欢佩戴钻石饰品，黄金饰品已不被她们所看重。得此结论后，他旋即把目光转向了钻石业。

按照国际上的规定，只有持有"戴·比尔斯"牌照，方可批购钻石，而全世界只有500张这种牌照。就是这张"戴·比尔斯"牌照，曾吓退了一大批珠宝商，一些业内人士称："要从'戴·比尔斯'购到钻石，简直比从天上摘星星还难。"

而郑裕彤没有退缩，一直在等待机遇的第三次现身。几经波折，机遇终于再现——在南非，正好有人由于破产，准备出卖持有"戴·比尔斯"牌照的公司。

郑裕彤得知消息后，马上斥资百万，将这家公司收入囊中，此举不但使他顺利地拥有了"戴·比尔斯"牌照，并且到20世纪70年代，郑裕彤已成为香港最大的钻石进口商，每年的钻石进口量约占全港的30%。

20世纪80年代，郑裕彤与香港贸易局合作建成香港会展中心，名列亚洲同类建筑之最；90年代，郑裕彤率先大举进军祖国内地，投资祖国的建设事业。此外，他还收购了亚洲电视股权，组建起全港最大的酒店集团，还收购了美国Stouffer集团海外28间酒店和欧洲Penta集团9间酒店。

立志成为成功企业家的我们应该已经从郑裕彤的财富故事中领略到行动快速的重要性了吧。那么就让我们立即行动起来吧，决不要再拖延！

年　月　日

第39天/菲尔·耐特

让计划做行动的先导

　　计划与行动的关系，就像是一对孪生兄弟，在获取成功的道路上，缺少了谁也不行。行动需要计划来约束，所以说，"让计划做行动的先导"；计划需要行动来实现，所以说，"让行动做计划的执行"。

　　那么，如何让"计划做行动的先导"呢？

　　1938年，一个普通的男孩子出生在美国，他的名字叫菲尔·耐特。

　　作为一个普通的年轻人，他对阿迪达斯、彪马这类运动品牌十分熟悉，但是让人意想不到的是，就是这个平凡的小伙子，以后开创出了一个新的运动品牌——耐克。

　　耐特一直对运动保持着浓厚的兴趣，他高中的论文几乎全都跟运动有关，就连大学也选择的是美国田径运动的大本营——俄勒冈大学。

　　"我要设计运动鞋，我要经营运动鞋，我要在未来的几年内挖到第一桶金，我要用这第一桶金建立一个属于

人物博览馆

　　菲尔·耐特：耐克公司的董事长兼总裁。1971年，他创办了美国耐克体育用品公司。

知识万花筒

　　阿迪达斯：享誉全球的德国运动品牌。1948年创办，以其创办人阿道夫·达斯勒的名字命名。阿迪达斯原本由两兄弟共同创办，分道扬镳后，阿道夫的哥哥鲁道夫·达斯勒独立创办了另一著名运动品牌彪马。

自己的公司，然后，我的最终目的是要建立一个属于美国人自己的运动鞋品牌！"

耐特在自己的大脑里迅速地勾勒着未来，这被耐特看作是"横向计划"，而自己的初步打算是：要设计出一款运动员最需要的运动鞋。

什么是运动员最需要的运动鞋？在良师益友比尔·鲍尔曼的帮助下，耐特进行了一次市场调查。调查发现，训练比赛中，运动员经常犯脚病，他们希望能拥有一双轻巧舒适的运动鞋来保护自己的双脚。

下一步怎么办？耐特立即拿出了他的二期计划：在3个月的时间里，设计出一款新式运动鞋，让运动员试穿。

经过耐特与鲍尔曼两人无数次的探讨与争执，他们终于做出了一款外表难看但轻巧舒适的运动鞋。一位运动员试穿后，跑出了比以往任何一次比赛都好的名次。

耐特初试成功，为此，他非常感谢计划所带来的种种好处。

是计划，让耐特的大学生活变得丰富多彩；是计划，让耐特与自己的目标越来越近；是计划，让耐特在繁重的学习生活中把市场调查做得游刃有余；是计划，让耐克与鲍尔曼设计出了新式运动鞋。一切都有条有理、沉稳从容。

1960年，耐特毕业了。耐特横向计划的第二个内容是经营运动鞋。耐特在这一基础上把细化了的纵向计划列了出来：第一阶段代理品牌，取得经验后，第二阶段为创建自己的品牌做准备。

在一次日本展览会上，耐特碰到了日本的虎牌运动鞋厂家，耐特说出了自己想要代理权的想法，刚好，虎牌需要一个代理商来打入美国市场，于是就把代理权给了这个初出茅庐的小伙子。

拿到代理权的耐特立即找到了鲍尔曼，他们两个人出资500美元，组建蓝丝带运动公司，成为虎牌运动鞋在美国的独家经销商，开始了最初的创业。这个"蓝丝带"就是"耐克"的前身。

而这一举动，让耐特实现了"在未来的几年内挖到第一桶金"的计划。横向与纵向计划的巧妙结合，立即收到了立竿见影的效果。

可是，好景不长，日本方面由于诚信度缺失，导致"蓝丝带"与虎牌的合作破裂。

但他乐观地想：这样一来，让自行创造品牌的历程提早几年，对后期市场占有率来说，岂不是更好吗？

此后，耐特与鲍尔曼利用代理时期的经验，按照计划开办了自己的公司，起名"耐克"，源于希腊神话中胜利之神的名字。

"耐克"公司诞生不久，纵向计划紧跟而来：第一阶段设计耐克独特的鞋底；第二阶段中间制造过程外包；第三阶段推向市场；第四阶段建立耐克自己的企业文化。

有了计划，"耐克"公司的行为就有了先导，公司上下每个人在工作的时候，都以此为目标，以此为准则，从而衡量自己的行为。

由于"耐克"全体上下的行为有了约束与目的性，顷刻间，团队的力量集中在了一起，此刻，他们就像是一支拉了满弦的弓箭，冲破万般险阻，急速地朝着靶心射去——胜利之神展开了翅膀，迎接着"耐克"向自己奔来。1975年，鲍尔曼在烘烤华夫饼干的铁模中摆弄出一种尿烷橡胶，并用它制成一种新型鞋底。在这种华夫饼干式的鞋底装上小橡胶圆钉，使得这种鞋底的弹性比市场上流行的其他鞋的弹性都强。

这种看上去很简单的产品改进，成为耐特和鲍尔曼事业的新起点。1976年，"耐克"的销售额从前一年的830万美元猛增到1400万美元；随后的两年里，"耐克"的销售额紧跟着又翻了两番。到20世纪７０年代末，"耐克"公司拥有将近100名研究人员，其中许多

知识万花筒

希腊神话：指口头或文字上一切有关古希腊人的神、英雄、自然和宇宙历史的神话，源于古老的爱琴文明，是西洋文明的始祖。希腊神话大多来源于古希腊文学，最有名的故事有特洛伊战争、奥德修斯的游历、伊阿宋寻找金羊毛、赫拉克勒斯的功绩、忒修斯的冒险和俄狄浦斯的悲剧等。

华夫饼干：一种烤饼，源于比利时，用配有专用烤盘的烤炉制成。烤盘上下两面呈格子状，一凹一凸，把倒进去的面糊压出格子来。烤盘中的格子一般都是菱形或方形的，这种格又称为华夫格。在中国，一般称华夫饼干为威化饼干。

人有实验生物学、工程技术、工业设计学、化学和多种相关领域的学位；到了1979年，"耐克"在不断改进与进取的过程中形成了自己的文化——"体育、表演、洒脱自由的运动员精神"，这就是"耐克"所追求的个性文化。

事情的进展，都在按照耐特的计划稳步实现着。其间，1981年，"耐克"市场份额甚至达到50%，遥遥领先于阿迪达斯，而他自己也跑步进入了《福布斯》杂志令人垂涎的"美国最富有的400人"之列。这是连耐特本人也始料不及的。

他身边的工作人员曾这样评价过耐特："他是个很有趣的人，他很善于做计划，所以，在工作中，耐特总是显得比其他人从容与自在，就像是一只松鼠，忙碌地寻找着松果，但他看上去一点也不忙乱。"

"如果没有计划，那么整个公司会变成一个烂摊子，哦！我不敢想象那是怎样的一个情景。至少，在我这里，是不允许这样的情况发生的。是的，绝不允许！"耐特风趣地说道。

因此，有了耐特的身先士卒，"耐克"公司大到每个部门，小到每位员工，每年、每月、每天，都制订工作计划，执行工作计划，完成工作计划。他们就像勤劳的蚂蚁，有计划地在创造着财富、积累着财富。

1985年春天，美国数以百万计的电视观众，看到了这样一段广告：一个篮球飞快地滚向球场一端，等候在那里的一位英俊小伙轻松地用穿着彩色运动鞋的脚将球勾入掌中，开始带球移动，与此同时，传来发动机引擎的刺耳噪音，引擎的咆哮声越来越响，小伙子随之一飞冲天。

广告的最后10秒是乔丹的"云中漫步"，即使从未看过篮球比赛的观众，也会感叹于他精湛的技巧。这段广告不仅证明乔丹拥有特殊的飞行能力，更暗示了他脚下那双"耐克"的神奇。

耐特功德圆满，完成了横向计划的最后一项："建立一个属于美国人自己的运动鞋品牌"。他在媒体中名噪一时，他在全球声名鹊起，他到达了成功的顶峰，他用行动告诉那些为实现成功而继续努力的人，要成为一名成功的企业家，必须"让计划做行动的先导"！

年　　月　　日

第40天／曾宪梓
紧紧扼住机遇的喉咙

　　机遇与财富，是一对并蒂生的孪生姐妹，有机遇的地方，就蕴涵着巨大的财富；有财富的地方，就闪烁着机遇的影子。

　　很多时候，机遇出现时，悄无声息，我们不但要拥有一双辨识机遇的慧眼，还要拥有一身抓住机遇的本领，只有这样，才能紧紧扼住机遇的喉咙，达到成功的巅峰。

　　1934年，曾宪梓出生在广东省梅县的一个贫农家庭。曾宪梓4岁的时候，父亲就去世了。孤儿寡母的日子过得非常艰难。从小学、中学到大学，曾宪梓一直靠国家的补助金生活。

　　1963年5月，曾宪梓先家人一步离开故乡，取道香港去泰国。短暂的居住在香港的日子里，淳朴的曾宪梓第一次知道了外面世界的复杂。

　　到了泰国以后，曾宪梓在哥哥经营的领带店工作，从那里接触到了领带生产和销售工作。但哥哥的领带店规模太小，没有什么发展前途，对于胸怀创业大志的曾

 人物博览馆

　　曾宪梓：现任金利来集团有限公司董事局主席、中华全国工商业联合会副主席。1997年，他获得香港特别行政区政府发勋衔制度中的最高荣誉奖章——大紫荆奖章。

宪梓来说，在那里也很难有用武之地。

1968年，曾宪梓带着母亲、妻子和3个孩子，再次来到香港。为了谋生，他曾做过男保姆，给别人照看孩子挣钱，但艰苦的环境并没有磨灭他的抱负，他在积极等待一个时机奋起。

上帝似乎总是对勤勉的人情有独钟，于是便将机会放在了曾宪梓的面前。当时香港服装业很发达，400多万香港人，不少人有几套西装。当时还流传着一句俏皮话："着西装，捡烟头。"意思是捡烟头的流浪汉都穿着西装，可见西装之流行。

曾宪梓立即意识到这是个机遇，他想：西装那么普遍，但是作为西装最重要的配件——领带却没几个像样的，这是一个多么巨大的市场！

尔后，曾宪梓立即把手中仅有的6000港元投资进了领带生产行业。没有厂房，他把租住的房间作为厂房，缝制领带。没有客户，他便自己去推销！曾宪梓的"一人工厂"就这样诞生了。

但在开始的时候，并没有人买他的领带。好不容易，有一家商店的经理同意看一看他的领带，可是他报出的价钱，实在让曾宪梓无利可图。

曾宪梓当然不愿意卖。那位经理便把自己店里经营的进口名牌领带指给曾宪梓看，相比之下，曾宪梓所做的领带用料低廉、款式单一、色彩灰暗，确实摆不上柜台。

怎么办？自己生产出来的产品没人买，而机遇就在眼前，放弃吗？曾宪梓当然不甘心，他立即把手里的存货全部批发给了地摊，然后花大价钱从商店里买回各种外国名牌领带，一一拆开，琢磨用料、裁剪、造型、花色。他还做了大量的市场调查，研究花色品种的新潮流、新趋势。

最后，曾宪梓用仅剩下来的钱买进了一批法国面料，以外国名牌领带为标本，加入了他自己的设计方案，精心制作出4条新领带。

他把自己做的领带和几条外国名牌领带混在一起，去请领带行家鉴定。那位行家看来看去，一口咬定这都是进口产品。他肯定地说："香港的领带业我清楚，像这样面料考究、做工精良、款式新潮、质量上乘的领带，当然只有外国才生产得出来。"

　　好的领带就这样生产出来了，曾宪梓与机遇的距离越来越近。为了把领带销售出去，曾宪梓只得自己出去推销，自己找客源。

　　一开始，他去尖沙咀旅游区洋服店一带推销自己的领带。他诚恳认真的态度为自己带来了第一批客户。

　　接着，曾宪梓又把眼光投向了大商场、百货公司，他来到地处旺角的瑞兴百货公司。公司经理虽然对他领带的质量赞不绝口，但是犹豫着说，毕竟这是个没牌子的东西，万一亏本怎么办？曾宪梓说，没关系，只要把他的领带与进口的放在一起，价格上收回成本就行！

　　就这样，曾宪梓做的领带终于在大商店中挂了出来。不出曾宪梓所料，购买者都被那新颖的款式、独特的花纹、地道的进口面料和精湛的工艺所吸引，再看价格大大低于同等质量的进口领带，自然纷纷购买曾宪梓的产品。不到一个星期，那些领带就卖光了。曾宪梓再次大获成功。

　　此时，他已牢牢地抓住了机遇的身子，下一步，便是向机遇的喉咙出手，为自己取得终身的财富！

　　当曾宪梓所卖的领带价格飙升到9.9元时，"一人工厂"已无法应付雪片般飞来的订货了。1970年，曾宪梓注册成立了"金利来（远东）有限公司"，开始打造属于香港人自己的领带品牌。

　　曾宪梓毅然决然地决定为自己、为金利来做一次大胆的尝试——马上在报刊上做广告。1970年，一年一度

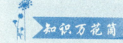

知识万花筒

　　流浪汉：指社会上存在的一些因为经济能力不足，没有固定的房屋，居无定所的人群。他们在城市中流浪、行乞或当苦力等临时工人，在公园、天桥底下、住宅楼梯睡觉。也被称为野宿族、露宿者、游民、街友等。

　　父亲节：各个国家父亲节日期不尽相同，没有统一的标准。但世界上有52个国家和地区是在6月的第三个星期日庆祝父亲节的，这个父亲节源于美国。1909年，华盛顿一位叫布鲁斯·多德的夫人，因感念父亲的养育之恩向州政府写信呼吁建立父亲节，州政府采纳其建议，并把时间定为19日，即1909年6月第3个星期日。

　　的父亲节即将到来之际，曾宪梓抓住时机不惜花费近3000港元在报纸上刊登了大幅广告，庆祝一年之中唯一的一次属于男性、属于父亲的节日。广告的内容很简洁，内容是：向父亲致意，送金利来领带。

　　曾宪梓这次初试牛刀的创举，不仅为金利来接下来向国际名牌顶峰的道路上顺利攀登奠定了基础，而且也大开了香港广告生产商为推销产品、树立品牌而刊登广告之先河。

　　而真正使"金利来"家喻户晓的是1971年。当时，中国乒乓球队再次囊括世界杯，凯旋回国时途经香港，应邀在香港举行乒乓球赛。香港的无线电视台夺得了乒乓表演赛的独家转播权，而精明的曾宪梓则包下了这次乒乓球表演赛的专题广告。

　　"金利来，男人的世界"这句广告词，每天都在电视上轮番不停地播放，在几百万香港人的口中争相传诵。不到一个星期，乒乓球比赛的盛况轰动全香港，而金利来领带也成为香港家喻户晓的名牌。

80年代，曾宪梓开始向海外扩张自己的市场，第一个目标就是东南亚。他到泰国、新加坡、马来西亚一带，从事以投资为目的的旅游活动。

曾宪梓边买厂房生产金利来领带，边重金在报刊、杂志、电台、电视台隆重地推出宣传广告，从而成功地开辟了马来西亚、泰国、台湾、澳门、文莱、澳大利亚等地的市场。

1981年，金利来利用传媒攻势进军祖国大陆；1983年，祖国内地掀起一场争购金利来领带的小风潮；1990年，金利来领带仅在中国大陆的营业额就达到了4亿多人民币。

风雨数十载，沧海变桑田。而今，曾宪梓已紧紧扼住了机遇的喉咙，成为一名成功的企业家。

拥有今天的成就，曾宪梓曾这样评述：一个人在成功的道路上遇到艰难险阻是很自然的。但是，如果老天给了你一个崛起的机遇，你就得牢牢地将其把握住，攥在手里为己所用。

机遇有时就是过眼烟云，稍纵即逝。如果我们不能像曾宪梓那样牢牢地扼住它的咽喉，那么，机遇来了和没有来过又有什么两样？

马来西亚：简称大马，首都吉隆坡，是位于东南亚的一个国家。该国由十三个州组成，共分为两大部分：一个是位于马来半岛的西马来西亚；另一个是东马来西亚，位于加里曼丹岛的北部。马来西亚因位于赤道附近，属于热带雨林气候和热带季风气候，无明显的四季之分，一年中的温差变化极小，是观光度假的好去处。

试着这样做

一个人要想成功，要懂得抓住机遇、及时行动。那么，应该怎么做呢？

1.明确自己的目标。树立目标，越清晰越好，最好是具体到自己将来要做哪一项职业，并朝着这个方向努力。

2.对自己的目标持之以恒。目标在实现的过程中，一定要鼓励自己，坚持自己当初的选择，不要半途而废。

3.让自己的行动迅速起来。当机遇降临在身边时，就得像狼一样扑上去，将其紧紧地抓住，利用机遇把自己的目标变成现实。

4.不要做墙头草。按照自己定下的目标勇往直前，要有清醒的头脑，仔细地进行分析，不可轻易盲从。

5.培养自己善于思考的好习惯。

"自古英雄出少年。"对于现在的我们来说，人生一定会因为有了梦想而更加精彩，也一定会因为有了拼搏而更加绚烂！